A Liberdade em Agostinho
e sua Influência em Lutero e Calvino

Copyright © 2024 by Francisco Eduardo de Oliveira

Editoração: Luana Vulcano

Revisão: Claudia Montico

Capa: Victoria Cristina Eduardo

Dados Internacionais de Catalogação na Publicação (CIP)

OM54
　　Oliveira, Francisco Eduardo de.
　　A Liberdade em Agostinho e sua Influência em Lutero e Calvino/Francisco Eduardo de Oliveira
　　São Paulo: Fonte Editorial, 2024.
　　286 p.; 14 x 21 cm

　　ISBN 978-65-87933-12-2

　　1. Cristianismo 2. Filosofia

CDD 222

Nenhuma parte desta publicação pode ser utilizada ou reproduzida sob quaisquer meios existentes sem autorização por escrito da editora
(Lei nº 9.610 de 19.02.1998)

Todos os direitos reservados à
PIONEIRA EDITORIAL LTDA
Publisher: José Carlos de Souza Júnior
Operações: Andréa Modanez
Pioneira editorial ltda.
Estrada do Capuava, 1325 Box M
CEP: 06713-630 - Cotia – SP – Brasil

A Liberdade em Agostinho e sua Influência em Lutero e Calvino

Francisco Eduardo de Oliveira

2024

Prefácio

Quem se dispõe em, ainda que minimamente, percorrer a história do pensamento filosófico e teológico, sobretudo o ocidental, não demorará muito para perceber que muitos dos temas e assuntos nele tratados desafiam, de modo cada vez mais constrangedor, o intelecto humano. Na verdade, tal constrangimento revela explicitamente a limitação da razão humana em entender, pelo menos de maneira satisfatória, com certo rigor e profundidade, alguns desses temas. O livro do Prof. Francisco, que ora prefacio, trata exatamente de um desses temas, a saber, o tema da liberdade.

Num certo sentido, a temática da liberdade permeia toda a história do pensamento filosófico e teológico ocidental. Nessa história, esse tópico tem recebido muitas e variadas abordagens: (i) desde a pretensa ideia grega de "liberdade pelo uso da razão", o que garantia autonomia, em contraste com o *destino*, passando pelo (ii) contraste entre graça e liberdade, particularmente no contexto da apologética da Soteriologia do cristianismo medieval, (iii) pelo conflito teórico entre natureza e liberdade, ou seja, entre as determinações mecânicas da natureza e a autonomia da razão, conflito característico de toda a modernidade, até chegar na (iv) reivindicação do existencialismo contemporâneo de que somos "condenados à liberdade", a ponto de sermos covardes se não formos livres. Quanto a isso, convém ressaltar que não somente as abordagens são muitas como também são variadas as escolas de pensamentos que as defende.

Além disso, o que torna a abordagem da temática sobre a liberdade complexa não é só o fato de ela ser múltipla e variada, mas isso se deve também ao fato de que tal temática está associada a vários outros assuntos. Falar da liberdade é, ao mesmo tempo, trazer à tona, na arena da discussão, temas filosóficos e teológicos caros ao pensamento humano, tais como: o problema do mal, a questão da vontade humana, do livre-arbítrio, da graça, da predestinação, do pecado original, da escravidão da vontade, as questões relacionadas à autonomia, à dignidade do indivíduo, à responsabilidade etc.

Convém ainda destacar que o tema também é objeto de investigação de diferentes áreas da filosofia e da teologia. Exemplo disso é que o assunto pode ser tratado do ponto de vista da metafísica, onde se é investiga o estatuto ontológico da liberdade; ele também pode ser tratado do ponto de vista da epistemologia, âmbito no qual indaga-se acerca do nosso acesso epistêmico ao conceito de liberdade; o assunto pode ser abordado do ponto de vista ético – esse, talvez, o mais problemático espaço para o tratamento da questão da liberdade porque põe em xeque a própria noção de liberdade e de responsabilidade ética a ela associada; o tema também pode ser tratado do ponto de vista religioso, espaço no qual coloca-se sob análise o suposto livre-arbítrio e capacidade de escolha humana da salvação divinamente proposta, etc.

Diante disso, porém, o modo como o prof. Francisco tratou a questão merece a nossa atenção, pois isso foi feito com distintas particularidades. As seguintes razões justificam essa apreciação e destacam o mérito de seus esforços. Em primeiro lugar, além da coragem de enfrentar o tema sob descrição, o prof. Francisco foi muito corajoso na escolha de seus referenciais teóricos, nomeadamente, Santo Agostinho, Lutero e Calvino. Nesse caso específico, o seu mérito está na disposição em percorrer o profícuo pensamento desses três. Em termos mais pontuais, a grandeza do trabalho está em fazer com que três pensadores diferentes – um assistemático (Agostinho), um intransigente (Lutero) e outro de um estilo particularmente profundo e perspicaz (Calvino) – consigam dialogar entre si, sem deixar de lado as singularidades de cada um deles. Quanto isso, destaca-se o fato de ele ter acertado na escolha das principais obra desses autores que tocam diretamente ao tema tratado.

Em segundo lugar, o mérito do prof. Francisco se evidencia na proposta metodológica apresentada por ele neste seu trabalho. Isso diz respeito à forma com a qual o conteúdo exposto e a exposição do tema foram apresentados. Nomeadamente, o conteúdo segue uma sequência lógico-histórica, facilmente constatada pelo sumário, e que garante a compreensão do enredo argumentativo geral do que se discute, principalmente para quem não está familiarizado com ao temática. Já com respeito à exposição do tema, as noções relevantes são tratadas de maneira responsável, com acuidade conceitual, e com clareza na redação do texto.

Em terceiro lugar, a presente obra tem o mérito de ser relevante do ponto de vista da sua importância atual. Apesar de abordar o tema a partir de referenciais teóricos não contemporâneos, e os mais próximos de nós serem da época da Grande Reforma Protestante na Europa, isso em nada diminui o valor do trabalho do prof. Francisco, uma vez que, as questões por ele tratada são de uma relevância singular em discussões atuais, e em cujos âmbitos os autores por ele tomados como referenciais são recorrentemente citados e discutidos. Desse ponto de vista, o presente trabalho é mais do que contemporâneo.

Contudo, e apesar de todas essas particularidades, o que é mais relevante nesta obra do prof. Francisco ainda não foi sequer citado, a saber, é o fato de seu trabalho servir como um exemplo cabal de que, definitivamente, é possível falar filosoficamente de temas comuns entre a filosofia e a teologia, como é o caso do tema da liberdade. Desde o estabelecimento da filosofia medieval como disciplina acadêmica, discute-se se o que encontramos nesse período histórico é de fato filosofia ou teologia. Muitos, ainda hoje, não aceitam que seja possível pensadores religiosos – tais como Agostinho, Lutero e Calvino, tratarem filosoficamente de temas teológicos. Na presente obra, o prof. Francisco mostrou que não só isso é possível, como também é possível fazer isso de maneira brilhante e competente.

De fato, são muitos os benefícios obtidos pela leitura da presente obra. O livro tem muito mais do que está resumido aqui neste prefácio. Porém, é amparado por essas linhas gerais apresentadas que, com muita alegria, recomendo a aquisição e leitura do livro do prof. Francisco; um livro que, sem dúvida, interessará tanto a aqueles que queiram encontrar uma discussão técnica sobre o assunto, quanto aos que apenas são curiosos e queiram saber mais do assunto de que ele trata. E, mesmo que o leitor não concorde com a linha argumentativa apresentada no livro, ao final, ele pelo menos poderá dizer que leu um livro excelente e instigador.

Boa leitura!

Prof. Gerson Francisco de Arruda Júnior

(Universidade do Estado do Amapá)

AGRADECIMENTOS

Em primeiro lugar, quero agradecer ao Deus Trino pela salvação, família, ministério e oportunidades que Ele me concedeu, mesmo não sendo merecedor de absolutamente nenhuma delas. A Deus toda a Glória!

Agradeço a Deus pela minha amada esposa Débora que me incentivou e me auxiliou desde o início deste livro. Amo-te!

Agradeço a Deus pelas minhas filhas, Eva e Ana, que me ensinam o valor do tempo.

Agradeço a Deus pela minha mãe e irmãos que me deram oportunidades na vida que eles mesmos não tiveram.

Agradeço a Deus pelos meus sobrinhos Anderson, João Paulo, Ysrael, Mateus e a todos os outros que me incentivaram no estudo e pesquisa.

Agradeço a Deus pelo fato de que este doutorado só foi possível porque o Senhor Deus providenciou igrejas, pastores e irmãos em Cristo que me sustentaram espiritualmente, financeiramente e emocionalmente, por isso, vou citá-los nominalmente:

1. À Igreja Batista do Promorar em Currais Novos/RN pelo cuidado e sustento nos dois primeiros anos de pesquisa e estudo para este livro.

2. À Igreja Presbiteriana do Pirangi em Natal/RN na pessoa do Reverendo Diogo Jorge Gonçalo e Jucinete pelo apoio em oração e ajuda financeira.

3. À Igreja Batista do Natal/RN, nossa igreja local, na pessoa do Pr. Handerson Xavier, Ana Laura e Thomas pelo suporte espiritual e financeiro.

4. A Marcus Vinícius, Janaína, Letícia e Heitor que foram muito generosos em nos ajudar espiritualmente e financeiramente durante todo o processo de elaboração desta tese.

5. Ao Dr. José Medeiros (Medeirinhos), Glória (amada irmã em Cristo e de sangue) e a Joel pelas muitas vezes que nos socorreram financeiramente, espiritualmente e clinicamente.

6. A Airton e Ingrid, irmãos amados da IPP que nos ajudaram em momentos financeiros muito difíceis.

7. A André Bruno (Bruninho do Sal) pelo cuidado e ajuda financeira como um instrumento de Deus para nos ajudar em momentos difíceis.

8. A André, Jessica e Teodoro pela ajuda em momentos difíceis.

9. Ao Colégio Batista Vida Nova, na pessoa do Pr. Micaías Vieira e Janaína pela oportunidade de dar aulas nessa amada escola e pela ajuda providencial nesses anos de pandemia.

10. A Nataly e dona Neci pelas ajudas no cuidado com minhas filhas enquanto estava lendo e estudando.

Essas pessoas foram fundamentais para que eu pudesse concluir esta pesquisa, por isso, nossa gratidão a Deus pelas vidas desses irmãos e amigos.

Agradeço a Deus pela vida de André Venâncio e Norma Braga pela ajuda e estímulo no meu progresso intelectual.

Agradeço a Deus pela vida do professor Paulo pela ajuda na correção gramatical desta tese.

Agradeço a Deus pela vida da minha amada mãe intelectual, a Prof. Dra. Monalisa Carrilho de Macedo, por me estimular, incentivar, corrigir e me ensinar a pesquisar. Obrigado, mestra!

Agradeço a Deus, também, pelo irmão em Cristo, amigo e exemplo de cristão no meio acadêmico, o Prof. Dr. Sérgio

Eduardo pelo acompanhamento desde a graduação e durante todo o meu progresso na filosofia.

Agradeço a Deus pelos professores que fizeram parte da banca de qualificação e defesa desta tese, a Profa. Dra. Gisele Amaral dos Santos e o Prof. Dr. Marcos Roberto Nunes da Costa pelos ricos conselhos que me ajudaram a melhorar minha pesquisa e tese.

Gostaria de agradecer, de forma especial, a disposição do *Prof. Gerson Francisco de Arruda Júnior* para escrever o prefácio deste livro. Suas palavras foram precisas, acuradas e gentis. Sou grato no Senhor.

Por último, agradeço a Deus pela vida do Gigante Simples da intelectualidade, o Prof. Dr. Edrisi Fernandes que, de forma simples, profunda e cirúrgica me orientou em toda esta pesquisa e estudo, topando orientar esta tese que, para muitos outros docentes, não teria nenhum valor, mas que segundo seu olhar profundo, merecia ser pesquisada e registrada. Muito obrigado, professor. Sempre o admirei na graduação, mesmo não conseguindo pegar alguma disciplina com o senhor. No mestrado, tive a oportunidade de pegar algumas disciplinas que aumentaram ainda mais a minha admiração pelo senhor. E, agora, sendo seu orientando, tornei-me mais ainda o seu admirador.

Sobrecarregado de pecados até aqui vim
Nem pude aliviar o pesar, pesar sem fim,
Que até aqui trazia. Ah, lugar ditoso!
Início será de viver venturoso?
Será que aqui o fardo das costas me cairá?
Aqui a amarra que a mim prende romperá?
Bendita Cruz! Bendito sepulcro! Seja exaltado
O homem que por mim foi humilhado.
(John Bunyan, *O Peregrino*, Cap. 6)

SUMÁRIO

Introdução, 19

Capítulo 1: Como santo Agostinho entende a liberdade, 37
1.1 A liberdade na obra o livre-arbítrio, 47
1.2 A liberdade na obra o espírito e a letra, 51
1.3 A liberdade na obra a cidade de deus, livro v, 58
1.4 A liberdade na obra a natureza e a graça, 64
1.5 A liberdade na obra a graça de cristo e o pecado original, 72
1.6 A liberdade na obra a graça e a liberdade, 81
1.7 A liberdade na obra a correção e a graça, 89
1.8 A liberdade na obra a predestinação dos santos, 99
1.9 A liberdade na obra o dom da perseverança, 109

Capítulo 2: Como Lutero entende a liberdade, 131
2.1 A liberdade na obra a liberdade cristã, 134
2.2 Introdução ao debate entre Lutero e Erasmo, 143
2.3 A diatribe sobre o livre-arbítrio de Erasmo, 148
2.4 A liberdade na obra da vontade cativa, 157

Capítulo 3: Como João Calvino entende a liberdade, 187
3.1 A liberdade na obra institutas da religião cristã, volume 1, capítulo I, 190
3.2 A liberdade na obra institutas da religião cristã, volume 1, capítulo II, 195
3.3 A liberdade na obra institutas da religião cristã, volume 4, capítulo XIV, 214

Capítulo 4: A liberdade agostiniana e sua influência em Lutero e Calvino, 225

4.1 Onde a liberdade de santo agostinho influenciou Martinho Lutero e João Calvino, 229

    A. A fonte da antropologia dos reformadores, 232

    B. O filósofo da antropologia dos reformadores, 239

4.2 O estado original na liberdade agostiniana e no pensamento de Martinho Lutero e João Calvino, 243

4.3 O estado atual na liberdade agostiniana e no pensamento de Martinho Lutero e João Calvino, 248

4.4 O estado salvífico na liberdade agostiniana e no pensamento de Martinho Lutero e João Calvino, 253

4.5 O estado pleno ou final na liberdade agostiniana e no pensamento de Martinho Lutero e João Calvino, 260

Conclusão, 269

Referencial bibliográfico, 275

INTRODUÇÃO

A liberdade é um dos conceitos que mais tocam a humanidade. Isso acontece por se tratar de um conceito que revela nossa identidade enquanto indivíduos. Em sua história, três concepções formam as linhas mestras que buscam caracterizar esse conceito. A primeira concepção entende a liberdade como autodeterminação. Nesse sentido, a liberdade seria ausência de limitação, a causa de si mesma. Uma segunda concepção caracteriza esse conceito como uma necessidade. Necessidade essa não do indivíduo, mas do mundo ao qual ele pertence. Ou seja, uma espécie de destino para o qual o universo corrobora. Em último lugar, a liberdade é entendida como possibilidade de escolha condicionada a determinados fatores.[1] Por essa razão, compreender a liberdade é o mesmo que compreender o indivíduo. Saber responder se o indivíduo é autônomo ou coagido em suas decisões, se o homem possui uma vontade livre, ou até mesmo reconhecer que a liberdade está condicionada dentro da obediência a algumas regras, são questões que apontam a complexidade e a atualidade da temática da liberdade. E dentro desse espectro conceitual, bem como de suas complexidades, vários filósofos, em épocas distintas, procuraram confirmar, corrigir, negar ou renovar essas concepções com a finalidade de trazer mais entendimento ao tema.

---

1 ABBAGNANO, 2000, p. 606.

Na mitologia grega, esse tema aparece na forma das três figuras conhecidas como *as Pasrcas* ou *as Moiras*. Essas figuras femininas eram responsáveis por dar os destinos aos homens,[2] sendo nomeadas de acordo com suas funções. Cloto era a fiadora ou tecedeira da vida. Láquesis era aquela que distribuía as aptidões e talentos. E, por último, Átropos aquela que determinava o fim da vida.[3] Isso mostra uma percepção da liberdade atrelada ao destino instituído pelos deuses. Todavia, ao se reportar ao início da *História da Filosofia Ocidental*, especificamente na formação do pensamento grego, tem-se aí que a noção de liberdade estava vinculada à participação do indivíduo na vida pública. Ou seja, *Para o grego, o homem não se separa do cidadão; a phrónesis, a reflexão, é o privilégio dos homens livres que exercem correlativamente sua razão e seus direitos cívicos.*[4] É no espaço público que o homem exerce sua liberdade. Entre os pré-socráticos, esse tema não é tratado diretamente, devido à ênfase destes estarem no princípio constitutivo de todas as coisas, em outras palavras, eles estavam buscando compreender o mundo, pois ainda não haviam se voltado para o homem e suas questões, suas reflexões estavam no âmbito da compreensão e organização do cosmos, da própria realidade. Essa imagem altera-se com a figura de Sócrates e dos sofistas, que voltam seus olhos e mentes para pensar o homem e suas questões, incluindo, assim, a liberdade.

2 MAGRIS, 2014, p. 24.
3 Ibid., p. 26.
4 VERNANT, 2010, p. 142.

INTRODUÇÃO

É possível, então, ver Platão tratando da liberdade como algo incondicional ao homem. No mito de Er, alguém que morreu e reviveu após doze dias e relatou o que viu no além, Platão conta a partir desse mito que *Não é um gênio que vos escolherá, vós mesmos escolhereis o vosso gênio. Que o primeiro designado pela sorte seja o primeiro a escolher a vida a que ficará ligado pela necessidade... a reponsabilidade é daquele que escolhe.*[5] Com essas palavras, Platão coloca no indivíduo a total responsabilidade da escolha de como irá retornar ao mundo dos vivos. Mostrando, assim, a liberdade incondicional do homem, até mesmo na escolha de sua vida terrena. Por sua vez, Aristóteles, ao tratar da excelência moral e da liberdade humana de escolher ou negar-se a fazer o bem, afirma: *com efeito, onde está ao nosso alcance agir, também está ao nosso alcance não agir.*[6] Dessa forma, ele coloca, também, no homem e em sua liberdade, a total responsabilidade do agir. Diógenes Laêrtios conta, em sua obra intitulada *Vidas e Doutrinas Dos Filósofos Ilustres*, que os estóicos diziam que *a liberdade é a faculdade de agir independentemente.*[7] Portanto, em todos os casos da Antiguidade mencionados, a liberdade é pensada como autonomia, autodeterminação ou como causa de si mesma. Posteriormente, no pensamento cristão, a liberdade tomou um caminho diferente, graças a Santo Agostinho.

---

5   PLATÃO, *República, X,* p. 349.
6   ARISTÓTELES, Ética a Nicômaco, III, 5, p. 159.
7   DIÔGENES LAÊRTIOS, *Vidas e Doutrinas Dos Filósofos Ilustres, VII, 121*, p. 209.

Aurélio Agostinho nasceu em 354 na cidade de Tagaste (atual Suq Ahras, na Argélia) no continente Africano[8]. Filho de Patrício e Mônica, uma cristã fiel que o marcou profundamente. Foi educado para ser um mestre da palavra[9], mas algo inesperado acontece: sua conversão em 386. Esse acontecimento inesperado muda drasticamente a forma como ele vive e pensa. Ele tornou-se o maior pensador cristão do seu tempo. De sua pena saíram as principais formulações doutrinárias, tais como a concepção de pecado original, a temática da graça, o livre-arbítrio, a eleição, a predestinação, a trindade etc. Santo Agostinho acabou assumindo, mesmo a contragosto, a tarefa de dar uma forma filosófica à fé cristã. Sua filosofia tornou-se a filosofia da igreja[10]. Sua intenção não era levar ninguém a crer, mas demonstrar para aqueles que creem que sua fé é completamente compatível com a razão. É, portanto, dessa forma, que ele se debruça sobre o conceito de liberdade. Tema esse que ele tratou até ao final da vida.

É importante ter em mente que Santo Agostinho viveu no final do Império Romano, isto é, no final do século IV até o início do século V d.C., um período histórico de grandes mudanças. Onde a política, a filosofia e a moral do império passavam por uma crise iniciada a partir do século II[11]. Contudo, a fim de evitar equívocos no entendimento do contexto no qual Santo Agostinho elaborou suas

---

8 BROWN, 2011, p. 23.
9 Ibid., p. 42.
10 Ibid., p. 145 e 146.
11 GRANDE ENCICLOPÉDIA BARSA. – vl. 12, p. 440, 2004.

questões sobre a liberdade, é de suma importância fazer uma breve digressão.

O Império Romano tinha uma *mentalidade prática, adotaram o alfabeto grego e o modificaram até criar o alfabeto latino*[12]. Com a língua grega, vieram também a filosofia e o ideal de formação do homem, isto é, o homem autônomo e livre formado pela *Paideia*. Nesse sentido, a educação romana era, na verdade, grega em seu fundamento. Pois a *Paideia* foi *o elemento unificador do Império Romano e da civilização que a representava*.[13] Assim, os textos de Homero eram o conteúdo dessa formação do indivíduo e a dignidade do homem enraizada na sua autonomia, em seu livre-arbítrio, em sua liberdade como a filosofia havia ensinado.[14] As crises no império estavam fazendo com que esse ideal, pouco a pouco, fosse se perdendo. E, de fato, era o que iria acontecer se o cristianismo não tivesse entrado em cena. O cristianismo, após séculos de perseguição dentro do Império Romano, passou a ser a religião oficial do império, tomando para si a responsabilidade de *mostrar o poder formativo do seu espírito em obras de calibre intelectual e artístico superior e de arrebatar a mentalidade contemporânea no seu entusiasmo*.[15] Em outras palavras, o cristianismo tinha que *edificar uma Paideia Cristã*.[16] O que contribuiu para isso foi a tradução do Antigo Testamento

12 Ibid., p. 436.
13 JAEGER, 2001, p. 96.
14 Ibid., p. 88.
15 Ibid., p. 97.
16 Ibid., p. 98.

para o grego (*Septuaginta*), o Novo Testamento sendo escrito em grego Koinê e o século IV com uma crescente tradição de pensadores cristãos, conhecidos como os Pais da Igreja, que foram os responsáveis pela elaboração da *Paideia Cristã*. Esses pensadores provaram que a fé cristã era racional. O século IV foi *um verdadeiro renascimento que deu à literatura greco-romana algumas das suas maiores personalidade*.[17] Estes homens foram incumbidos de demonstrar que a fé cristã era capaz de unificar o império decadente preservando *o que parecia digno de sobreviver na tradição grega*[18], e criando, assim, o ambiente propício para o pensamento cristão concernente à liberdade, pois essa noção estava se perdendo juntamente com a consciência de dignidade do indivíduo devido à destruição intelectual, moral e física do império. Foi nesse contexto que Santo Agostinho desenvolveu sua concepção de liberdade.

Santo Agostinho procurou analisar a liberdade a partir de vários ângulos. Ele teve que pensar, atrelado ao conceito de liberdade, as questões da fé cristã que incluíam o problema do mal, a vontade, o livre-arbítrio, a graça, o pecado original, a escravidão da vontade, a predestinação etc., e as questões da autonomia, da dignidade do indivíduo e da própria liberdade em si oriundas do pensamento greco-romano. A fim de explicar esse conceito, ele teve que organizar sistematicamente seu pensamento sobre esse

---

17 Ibid., p. 99.
18 Ibid., Id.

tema, mesmo não sendo um pensador sistemático.[19] E se isso tudo não bastasse, ao mesmo tempo teve que lidar com opositores ao seu pensamento. Portanto, foi nesse contexto de esfacelamento cultural, formação doutrinária e ataques dos opositores que ele formulou seu conceito de liberdade.

A capital do Império Romano estava sofrendo um esvaziamento e muitos cidadãos seguiram para províncias romanas mais tranquilas.[20] E, por volta dos anos 410 e 411, um homem chamado Pelágio veio também para essas regiões[21]; este se tonaria o principal opositor do pensamento agostiniano concernente à liberdade, juntamente com Celestio e Juliano, os discípulos deste. Pelágio e seus discípulos criam na total capacidade da natureza humana em alcançar a perfeição[22] e, dessa forma, eles atribuíam, também, ao indivíduo a total capacidade de agir livremente. Por esse ângulo, Pelágio e seus discípulos aproximavam-se muito do pensamento greco-romano concernente à liberdade. Santo Agostinho discordou veementemente, porque, ao que parece, Pelágio tomava principalmente a filosofia como fundamento de sua reflexão, enquanto Agostinho tomava as Escrituras. Nessa linha de raciocínio, Santo Agostinho irá pensar a liberdade partindo da explicação da origem e autoria do mal, o livre-arbítrio como um dom dado por Deus, o pecado e sua consequência na natureza humana devido

---

19 BROWN, 2011, p. 148.
20 Ibid., p. 425.
21 Ibid., id.
22 Ibid., p. 427.

à má utilização do livre-arbítrio, a impossibilidade de escolher o bem, a necessidade da graça, a predestinação e a liberdade como um presente dado por Deus. Dessa forma, ele estava resguardando as doutrinas caras ao cristianismo, e estava dando-lhes uma forma filosófica incluindo nelas, literalmente, uma história da liberdade.

No período Medieval, o pensamento de Santo Agostinho foi assumido, em parte, pela Igreja Católica. Contudo, a liberdade foi deliberada na Idade Média por vários autores. Sempre com uma perspectiva mesclada entre a posição agostiniana, semipelagiana e aristotélica.[23] Contudo, a liberdade enfatizada pelos medievais consistia na *liberdade de exercício*[24], isto é, fazer o que se deseja e agir por livre vontade. Esse foi o entendimento geral desse período. Anselmo de Cantuária afirma, em um texto intitulado *Sobre a Concordância da Presciência, da Predestinação e da Graça Divina Com o Livre-arbítrio*, que *este poder é livre, é a liberdade da qual temos falado, que consiste no poder de observar a retidão por si mesma. Graças a esta liberdade da natureza racional, a escolha é livre, como também a vontade.*[25] Aqui, temos um pensador Medieval que afirma categoricamente que a liberdade é natural ao indivíduo e, por isso, suas escolhas são plenamente livres. Entretanto, o maior pensador desse período foi Tomás de Aquino, que mesmo defendendo a predestinação

---

23 GILSON, 2006, p. 369.
24 GILSON, 2006, p. 372.
25 ANSELMO, *Sobre a Concordância da Presciência, da Predestinação e da Graça Divina Com o Livre-arbítrio*, Questão I, Cap. VI, p. 45.

agostiniana completamente,²⁶ afirmava em relação à liberdade que *somos livres, enquanto podemos aceitar uma coisa, rejeitada outra: o que é escolher.*²⁷ Dito em outros termos, ele também entendia que nossas escolhas são livres, cabendo ao homem agir ou deixar de agir de acordo com sua razão, que goza dessa liberdade de escolha. Este foi o pensamento reinante nesse período: a liberdade sendo pensada no âmbito prático das escolhas ordinárias. Todavia, as coisas estavam prestes a mudar.

Com o advento do período Humanista-Renascentista, entre os séculos XIV e XV, a questão da liberdade é retomada. Ela veio à tona devido ao resgate do mundo clássico. Portanto, foi a partir desse fundamento clássico que os pensadores desse período buscaram compreender o homem. Tomando, então, a concepção clássica de indivíduo, os pensadores renascentistas estabeleceram uma compreensão sobre o indivíduo a partir de seus atributos e qualidades para demonstrarem sua dignidade. Realçaram, também, sua autonomia de pensamento e liberdade plena de ação. Essa era a cosmovisão vigente criada a partir da noção clássica do homem. E, nesse sentido, para o Renascimento *a liberdade define o homem*.²⁸ O que é claramente perceptível é que a influência que formou a noção de liberdade do Renascimento foi a concepção clássica da Antiguidade, ou

---

26 AQUINO. *Suma Teológica*, vol. I, Questão 23.
27 AQUINO. Suma Teológica, vol. II, Questão 83, Artigo 3, p. 491.
28 VÉDRINE, 1996, p. 24.

seja, a visão do indivíduo como autônomo e plenamente livre. Isso posto, a liberdade retorna aos palcos da História da Filosofia no Renascentista.

Contudo, antes de olhar de forma panorâmica o período humanista-renascentista, é importante entender que a Reforma Protestante também está em um contexto histórico de transição, assim como esteve Santo Agostinho no final do Período Clássico, com a queda de Roma. Nesses contextos de transições, os conceitos podem ser revistos, corrigidos ou até mesmo abandonados. Todavia, o que é perceptível em Santo Agostinho e nos pensadores da Reforma, especialmente Martinho Lutero e João Calvino, é que, em relação à liberdade, eles se mantiveram numa mesma concepção do tema. Por isso, é importante compreender o período no qual os reformadores viveram, a fim de enxergar a influência da filosofia agostiniana no pensamento deles sobre a liberdade. Isto posto, retornemos ao Renascimento.

Pensar no período Humanista-Renascentista é observar um tempo extremamente fértil com relação a todas as áreas do conhecimento em um curto espaço de tempo. A historiografia afirma, com certa ressalva, que esse período se inicia no século XIV e estende-se até o século XVI. Contudo, para compreender seu significado e sua relação com o tema proposto aqui, é pertinente analisar os conceitos que denominam esse período.

INTRODUÇÃO

O termo "Humanismo" ganhou força a partir do seu uso no século XIX,[29] sendo seu mais provável idealizador Salutati.[30] Curiosamente, ele remete às disciplinas ministradas nas universidades do século XIV e XVI chamadas de *studia humanitatis* e *studia humaniora*, sempre indicando a educação e formação do homem.[31] O significado, em si, lembra o movimento literário e filosófico que nasceu na Itália nesse período, difundindo-se para os demais países da Europa e constituindo a origem da cultura Moderna. Esse movimento literário filosófico foi caracterizado principalmente por uma redescoberta e consideração do pensamento da Antiguidade Clássica, grega e latina. A grande marca do Humanismo foi uma conquista do antigo como sentido da história, a partir da redescoberta dos textos filosóficos do Período Clássico. Essa redescoberta teve início com a queda de Constantinopla e a fuga de copistas com textos antigos para a Europa.[32] E, a partir do conhecimento da existência desses textos, houve um enorme esforço para traduzi-los. A essência do Humanismo não está apenas no seu caráter literário, mas na forma como os humanistas se apropriaram da história clássica e filosófica. Os humanistas buscaram o seu real significado para interpretá-lo segundo sua realidade. Nesse sentido, o Humanismo descobriu não apenas o mundo antigo, mas também o homem. E, dessa forma,

---

29 AUDI, 2006, p. 479.
30 HANKINS, 1990, p. 30.
31 REALE, ANTISIERI, 1990, vl. 2, p. 17.
32 JAEGER, 2001, p. 126.

entende-se que o Humanismo foi a reflexão sobre um novo sentido do homem e de seus problemas, principalmente da autonomia deste e de sua liberdade. Não apenas o sentido do homem, mas, além disso, a sua individualidade. Isto é, o homem, como um indivíduo espiritual, social e político; um humano pleno. Em contraste direto com o período anterior, no qual os indivíduos só eram reconhecidos dentro de grupos sociais (raça, povo, família etc.).

O Renascimento, por sua vez, foi um movimento que teve suas raízes especificamente na Itália, *pois não foi a Antiguidade sozinha, mas sua estreita ligação com o espírito italiano, presente ao seu lado, que sujeitou o mundo ocidental.*[33] Trata-se de uma nova cultura oposta à cultura Medieval. É um fazer reviver a antiga cultura clássica, um voltar ao esplendor, um renascer do mundo antigo, ou ainda uma contraposição da luz que se constitui esse período em relação ao período passado, chamado de Medieval, isto é, a época da escuridão ou das trevas. Todavia, *o Renascimento não significa imitação ou compilação fragmentária, mas sim um nascer de novo.*[34] Isso significa que é um período de redescoberta do indivíduo, de suas capacidades e do seu potencial, sem o auxílio ou intervenção da Igreja Católica ou de qualquer autoridade, obviamente tendo como guia a Antiguidade Clássica[35]. Os fundamentos do movimento renascentista foram: o homem, mas não qualquer

---

33 BURCKHARDT, 1991, p. 139.
34 Ibid., p. 142.
35 Ibid., Id.

indivíduo, trata-se do homem segundo os pensadores clássicos; uma redescoberta da cultura clássica, um senso de criação do novo; e, por último, uma síntese entre o cristianismo e a visão humanista. Essa visão de mundo do Renascimento italiano abriu as portas para o Humanismo, que veio a alcançar toda a Europa. Podemos, então, pensar que o Renascimento foi concomitante ao Humanismo. E que o Humanismo seria a consciência, em escala maior, do Renascimento. Portanto, o Humanismo Renascentista seria a redescoberta do homem e a crença de que a autonomia deste havia chegado.[36]

Essa nova visão de mundo também produziu um *"caráter mundano,"*[37] que se contrastava com a visão do Período Medieval. Além disso, uma questão colocava-se aos Humanistas-Renascentistas, que não foi resolvida na Idade Média, e que agora cabia à Antiguidade renascida tentar solucionar, *tratava-se da relação da Providência com a liberdade e a necessidade humana.*[38] Por isso, *esse espírito da dúvida tinha de se lançar sobretudo à questão do destino do homem após a morte.*[39] É nesse ambiente de exaltação do homem e descrença da Igreja Católica que a Reforma Protestante eclode como um renascer do homem para a religião. Não era qualquer religião, mas a religião cristã

---

36 COSTA, Hermisten Maia Pereira da. *João Calvino: O Humanista Subordinado ao Deus da Palavra – a Propósito dos 490 Anos de Seu Nascimento*. Fides Reformata, n. 4, vl. 2, 1999, p. 158.
37 BURCKHARDT, 1991, p. 355.
38 Ibid., p. 358.
39 Ibid., p. 390.

primitiva, descrita nas páginas da Bíblia, especialmente as do Novo Testamento. Esse movimento tinha como premissa principal a relação direta dos indivíduos com Deus, sem intermediários.

Nesse sentido, *seria um contrassenso reduzir a Reforma apenas aos seus aspectos religiosos. Ela transformou profundamente o pensamento do Renascimento e singularmente a filosofia.*[40] A Reforma nasceu dentro do ambiente do período Humanista-Renascentista. *Esses movimentos estavam tratando dos mesmos problemas básicos, embora tivessem fornecido respostas completamente opostas, levando a resultados completamente opostos.*[41] A partir dessa premissa, o que há em comum nesses dois movimentos é um retorno à Antiguidade Clássica. Os renascentistas retornaram por meio das traduções para o latim das obras clássicas[42], principalmente aos textos de Platão. Já os Reformadores retornaram à Antiguidade Clássica por meio dos textos dos *Pais da Igreja*, principalmente Santo Agostinho e o estudo da Bíblia a partir das línguas originais.[43] Dessa forma, eles tentaram responder às mesmas questões referentes ao indivíduo, sua liberdade, autonomia e dignidade a partir de pontos de vistas distintos.

Surge nesse contexto, a liberdade dentro do Humanismo-Renascentista, atrelada à autonomia do indivíduo. O indivíduo é plenamente capaz de escolher,

---

40 VÉDRINE, 1996, p. 65.
41 SCHEAFFER, 2013, p. 39.
42 BURCKHARDT, 1991, p. 149 e 360.
43 CAIRNS, 1995, p. 223.

agir e pensar sem tutores. Por outro lado, a Reforma vai lidar com a liberdade a partir do pensamento de Santo Agostinho, agora sendo recolocado por Martinho Lutero e João Calvino.

Martinho Lutero nasceu em 10 de novembro 1483. Foi um monge da ordem agostiniana que em 31 de outubro de 1517 fixou as suas 95 teses contra a prática das indulgências da Igreja Católica, marcando, assim, o início do movimento que receberia o nome de Reforma Protestante. Martinho Lutero não desenvolveu uma filosofia ou teologia da reforma. Pois, em seu tempo, ocupou-se em escrever contra práticas da Igreja Católica sobre a justificação mediante a fé e a autoridade das Escrituras, além de traduzir a Bíblia para a língua alemã. Coube a Melanchton a tarefa de desenvolver um tratado teológico da Reforma.[44] Mas é na obra intitulada *Da Vontade Cativa* que se torna mais evidentemente um possível esboço do pensamento desse reformador sobre a liberdade. É justamente no tema da vontade humana que Martinho Lutero irá demonstrar seu fundamento filosófico agostiniano. Pois, para ele, a vontade do homem não era livre, nem autônoma, como afirmava o humanista Erasmo de Roterdã em sua obra *Diatribe sobre o Livre-arbítrio*. Ao contrário, ela é fraca, impotente e cativa. Essa visão pessimista do homem e de sua vontade remete à concepção agostiniana de que a vontade do homem está enferma e impotente.

44 Ibid., p. 238.

Na mesma linha de Martinho Lutero, um advogado francês chamado João Calvino (1509 – 1564) irá esboçar uma teologia que terá como fundamento filosófico o pensamento de Santo Agostinho. Calvino pode ser apontado como o líder da segunda geração dos reformadores.[45] Ele, ao contrário de Lutero, desenvolveu uma teologia presente em sua mais importante obra intitulada *As Instituições da religião cristã*. Nela, Calvino apresenta ao rei Francisco I (1494 – 1547) da França a fé que o movimento protestante francês cria. É nela que iremos encontrar uma forte influência da filosofia agostiniana na concepção que este tem a respeito do homem, da liberdade e de sua volição muito mais elaborado do que o pensamento de Lutero.

Contudo, ambos os Reformadores, em períodos de tempo distintos, tomaram Santo Agostinho como fundamento filosófico para o desenvolvimento de sua compreensão do indivíduo e de sua liberdade. A antropologia pensada e desenvolvida na Reforma Protestante, principalmente por esses dois pensadores citados acima, toma como fundamento uma antropologia agostiniana. Tendo esse alicerce, os reformadores assumem uma postura que vai na contramão do seu contexto vigente, isto é, o período Humanista-Renascentista, que exaltava o indivíduo, sua razão e liberdade; enquanto os Reformadores viam o indivíduo como um escravo e impotente, um homem incompleto que necessitava ser auxiliado para chegar a sua humanidade plena e verdadeira liberdade.

---

45 CAIRNS, 1995, p. 251.

A escolha dos pensadores em específico é devido ao lugar que estes ocupam no movimento da Reforma. O primeiro foi o iniciador do movimento, enquanto o segundo foi o grande sistematizador das ideias do movimento. Todavia, a fim de evitarmos as implicações doutrinárias e estritamente teológicas, esta análise e investigação irão concentrar-se na concepção de liberdade desenvolvida por eles.

Esta investigação tomará como obras de referência para abordar Santo Agostinho a coleção *Patrística* da editora Paulus em língua portuguesa. Em língua francesa, será utilizada para consulta as *Obras Completas de Santo Agostinho de 1870 (Latim Francês) em 32 volumes*, além das *Obras Completas de Santo Agostinho* da editora BAC em 42 volumes. Para os textos de Martinho Lutero, serão utilizadas as *Obras Selecionadas, volume 4*, publicado pela editora Sinodal, bem como um pequeno texto publicado em 1520, intitulado *Da Liberdade Cristã*. A abordagem do pensamento de João Calvino será feita a partir das *Institutas da Religião Cristã volumes 1 e 4*, publicados pela editora Cultura Cristã. Nesses volumes, a análise será feita a partir do Capítulo I, II e XIV, nos quais ele expõe seu pensamento sobre o homem, sua condição, seu conhecimento e sua liberdade. Todas as citações serão oriundas dessas obras. Somente a partir das leituras e análises desses escritos será possível apontar em que medida a filosofia de Santo Agostinho teve influências na compreensão que esses reformadores exerceram sobre o homem, sua liberdade, sua vontade e dignidade.

CAPÍTULO I

COMO SANTO AGOSTINHO ENTENDE A LIBERDADE

A liberdade é tratada dentro da filosofia cristã desde os seus primeiros pensadores, tais como Orígenes (185 – 253) e Nemésio de Emesa (350 – 420), a partir da concepção de livre-arbítrio. Contudo, é em Santo Agostinho que a liberdade adquire estatuto quase de um sistema. Isso se dá devido à necessidade que ele teve de explicar esse conceito dentro de sua filosofia dando conta de diversos temas adjacentes que necessitavam harmonizar-se com a fé cristã, que por sua pena, ganhou clareza e fundamento filosófico.

É importante, antes de se analisar o entendimento agostiniano da liberdade, compreender o lugar em que esse conceito foi discutido na obra do autor. Esse tema é tratado desde o início dos seus escritos. Por exemplo, quando ele menciona que a liberdade de entendimento está relacionada à providência Divina, nestes termos: *Pedimos que Ele permita que a tua mente, que já há muito busca respirar melhores ares, por vezes possas emergir para a atmosfera da verdadeira liberdade.*[1] Ele falou isso em seu escrito mais antigo a que se tem acesso, a obra *Contra os Acadêmicos*, escrita por volta do ano 386, quando ele tinha apenas 32

---

1 SANTO AGOSTINHO, *Contra os Acadêmicos*, I, 1.1, p. 13.

anos. Ou ainda, quando ele afirma que gozava da liberdade de um *escravo fugitivo*[2] ao falar de seu deleite em cometer um crime, em uma de suas obras mais conhecidas, *As Confissões*, redigida quando ele tinha por volta dos seus 42 anos, ou seja, em sua maturidade. É possível, portanto, percorrer as obras de Santo Agostinho e perceber que ele trata direta ou indiretamente desse tema durante toda a sua vida. Todavia, é na obra *O Livre-arbítrio* e nas obras *O Espírito e a Letra, A Natureza e a Graça, A Graça de Cristo e o Pecado Original, A Graça e a Liberdade, A Correção e a Graça, A Predestinação Dos Santos, O Dom da Perseverança* e a na *Cidade de Deus* (especialmente no Livro v) que se encontra o conceito sendo desenvolvido mais claramente.

Essas obras foram compostas, em linhas gerais, dentro do contexto das disputas com Pelágio (360 – 420) e seus principais discípulos Celéstio e Juliano de Eclano[3], e até mesmo a *Cidade de Deus* que foi escrita tendo em vista outro propósito, toca esse tema em um de seus capítulos de forma mais específica. É importante enfatizar que essas disputas e inúmeras obras produzidas nesse contexto formam o fundamento e o lugar onde Santo Agostinho desenvolveu seu conceito de liberda-

---

2 SANTO AGOSTINHO, *Confissões*, III, 3, p. 82.
3 A obra *O Livre-Arbítrio* foi composta primariamente no contexto das disputas maniqueístas, mas quando Pelágio utilizou ela para justificar sua posição diante do Papa Zózimo, Agostinho teve que expor suas concepções sobre a liberdade, a fim de que pudesse evitar novos equívocos. Em sua obra *Retratações*, Santo Agostinho ainda teve que gastar tempo e páginas dessa obra de revisão para justificar sua posição.

de[4]. Outro ponto a ser destacado, aqui, é o fato de não se dar ênfase exagerada nas explicações e respostas dadas pelo autor a seus adversários, especialmente a Juliano de Eclano. Mas por quê? Santo Agostinho faleceu respondendo a questões referentes à temática da liberdade, da graça e da predestinação feitas por Juliano de Eclano. Essas questões levantadas por seu último opositor, foram respondidas nas obras destinadas a resolver as objeções de Pelágio, o mestre daquele. Por isso, não se deve prender-se nas obras em resposta a Juliano de Eclano, nem nas explicações que o próprio Santo Agostinho deu em sua obra *Retratações,* referentes a esse tema, porque o conceito e as respostas dadas a respeito dele estão todos presentes nas obras citadas acima. Elas dão uma clara percepção do entendimento agostiniano da liberdade.

A graça é a temática condutora pela qual a liberdade aparece no horizonte do autor. Essa *graça havia sido completamente removida por três séculos de moralismo patrístico.*[5] Contudo, com Santo Agostinho, o apóstolo Paulo foi redescoberto,[6] bem como essa temática que está presente consistentemente nos escritos desse apóstolo do cristianismo. Ele o tomou, bem como seus escritos e os demais autores presentes nas Escrituras, como

---

4 THONNARD, François-Joseph. *La Notion de Liberté em Philosophie Augustinienne*. Revue d'Etudes Augustiniennes et Patristiques, 1970, vl. 16, issue 3-4, pp. 243-270. Disponível em: https://www.brepolsonline.net/doi/pdf/10.1484/J.REA.5.104194?download=true. Acessado em: 09.05.2019. P. 244.

5 MAGRIS, 2014, p. 517.

6 Ibid., Id.

fundamento para sua filosofia. Pois a liberdade agostiniana deve ser entendida nesse contexto no qual *o papel da graça é concebido somente em função dos males para os quais ela é o remédio.*[7] Em outras palavras, o conceito de liberdade agostiniana está estritamente relacionado com as Escrituras, especificamente os textos paulinos, mais do que com a Filosofia Clássica, especialmente a platônica. Por quê? Platão assume a liberdade como inerente ao indivíduo, assim como seus contemporâneos a concebiam, ou seja, a liberdade é percebida e entendida na perspectiva das faculdades do indivíduo, de sua autonomia. Atribuir à liberdade agostiniana um fundamento platônico seria uma violência conceitual para ambos. Mesmo se considerarmos a liberdade dentro do pensamento Neoplatônico de Filion, Plotino e Porfírio e toda a tradição alexandrina de interpretação, é possível enxergar que em se tratando da liberdade eles seguiram a tradição platônica e não a forma agostiniana de pensar. Santo Agostinho pensou esse conceito harmonizando-o com a fé cristã que estava encontrando nele uma forma filosófica.

Isso posto, é possível analisar esse conceito dentro do escopo das obras citadas acima e seu respectivo contexto nas disputas pelagianas e a formação da doutrina cristã em um molde filosófico.

---

7 GILSON, 2010, p. 271.

1.1 A Liberdade na Obra *O Livre-arbítrio*.

Essa obra foi iniciada por volta do ano 388 e concluída somente entre os anos 394 e 395. Ao escrever esse diálogo, Santo Agostinho teve a intensão primária de combater os erros da doutrina maniqueísta e também de ajudar seus amigos a se desvencilhar dessa falsa sabedoria, já que foi por causa de sua influência, ou como ele mesmo diz: *era seduzido e seduzia*[8], que muitos dos seus discípulos e amigos seguiram essa seita.[9] Santo Agostinho havia passado nove anos nesse grupo[10] buscando resposta sobre a origem e essência do mal ou *qual a causa de praticarmos o mal?*[11] Não satisfeito pelas respostas encontradas após estudo e arguição dos líderes dessa seita, afastou-se deles e passou, após sua conversão, a combatê-los.

O maniqueísmo foi *considerado outrora como uma forma cristianizada de zoroastrismo, é atualmente aceito, de modo geral, como uma das últimas e mais completas manifestações de gnosticismo.*[12] Essa seita fundada por Mani (216 – 277) constituiu-se um perigo muito sério para o cristianismo em seus primeiros anos, principalmente devido a algumas características observadas por Aldo Magris:

---

8 SANTO AGOSTINHO, *Confissões*, IV, 1, p. 99.
9 BROWN, 2011, p. 59.
10 SANTO AGOSTINHO, *Confissões*, V, 10, p. 129.
11 SANTO AGOSTINHO, *O Livre-arbítrio*, I, 2, 4, p. 28.
12 FERGUSON, 2009, p. 644.

Um credo com ambições universalistas, com um sistema dogmático contemporaneamente rígido, nas suas estruturas de sustentação, mas bastante flexível, a ponto de surgir como síntese definitiva das principais tradições religiosas do Oriente (apocalíptica, cristianismo, zoroastrismo, budismo), além de ter uma notável capacidade de penetração missionária.[13]

A *tese fundamental* (do maniqueísmo) *consiste na afirmação de dois princípios ontológicos originários do mundo.*[14] O Bem ou a Luz e o Mal ou as Trevas. Eles são princípios coeternos[15] e iguais em poder. Contudo, o ponto doutrinário que levou Santo Agostinho a permanecer nessa seita durante vários anos, foi a resposta dada por eles para a questão da origem do mal. Eles entendiam que o mal fazia parte da natureza do homem, isso implicava a ideia de que *o mal não era responsabilidade sua, ou fruto de sua livre escolha, mas decorrente da parte má de sua natureza.*[16] Nessa perspectiva maniqueísta, o indivíduo aliviava sua consciência diante da responsabilidade por suas más ações. E foi assim que Agostinho entendeu essa doutrina

---

13 MAGRIS, 2014, p. 510.
14 COSTA, Marcos Roberto Nunes. *Comentário ao Livro III das Confissões de Santo Agostinho: a busca da verdade na filosofia de Cícero e no maniqueísmo*. Civitas Augustiniana, 4 (2015), 91-120 ISSNE: 2182-7141 https://doi.org/10.21747/civitas/42015a4. Acessado em 29.05.2020. p. 108 e 109.
15 Ibid., p. 110.
16 COSTA, Marcos Roberto Nunes. *Comentário ao Livro III das Confissões de Santo Agostinho: a busca da verdade na filosofia de Cícero e no maniqueísmo*. Civitas Augustiniana, 4 (2015), 91-120 ISSNE: 2182-7141 https://doi.org/10.21747/civitas/42015a4. Acessado em 29.05.2020, p. 113.

maniqueísta ao declarar: *A minha soberba deleitava-se com não ter as responsabilidades da culpa.*[17] Portanto, é essa perspectiva do Bem e do Mal como duas entidades ontológicas, igualmente poderosas e a responsabilização das ações morais oriundas da atuação inerente da natureza má no indivíduo e não de sua livre escolha e responsabilidade individual, que Agostinho irá enfrentar por meio da obra *O Livre-arbítrio*. Esse diálogo constitui o primeiro passo na construção do entendimento do filósofo africano sobre o conceito de liberdade, pois nele encontra-se uma ênfase acentuada sobre esse tema.

O diálogo é composto por três livros. O Livro I foi escrito possivelmente no ano 388. O Livro II e o Livro III foram escritos por volta do ano 391.[18] É um diálogo que tem Evódio, um amigo e conterrâneo do filósofo como interlocutor na maior parte dos livros.

O Livro I, que abre essa obra, responsabiliza o homem pela origem do mal, que Santo Agostinho também chama de pecado. Esse fato se dá porque *Deus é bom...* (por isso...) *não pode praticar o mal.*[19] Essa asserção é fundamen-

---

17 SANTO AGOSTINHO, *Confissões*, v, 18, p. 136.
18 BROWN, 2011, p. 90. Seguimos aqui a divisão do texto sugerida pelo professor Peter Brown em sua Tabela Cronológica B e a mesma divisão proposta pelos editores da Coleção Patrística da Editora Paulus. Uma divisão distinta tem sido sugerida por estudiosos, por exemplo o Dr. Marcos Roberto Nunes Costa em seu artigo: *Os três Agostinhos do livre arbítrio/liberdade*, para indicar uma possível mudança de pensamento em relação a temática da liberdade; posição essa que não adotamos.
19 SANTO AGOSTINHO, *O Livre-arbítrio*, I, 1, 1 p. 25.

tal para todo o decorrer da obra. Pois, se Deus não fosse bom, Ele poderia praticar o mal, igualando-se, assim, à divindade maniqueísta. O fato de Deus ser bom constitui-se a pedra de toque e o fio condutor para todas as demais afirmações dentro dessa obra. Todavia, uma indagação persiste: se Deus não é o autor do mal, quem seria o genitor? Agostinho responderá que *não existe um só e único autor. Pois cada pessoa ao cometê-lo é o autor de sua má ação.*[20] O mal moral ou a má ação ou ainda o pecado não possui um único genitor, mas vários. Com essas afirmações iniciais, Santo Agostinho desmonta a ideia maniqueísta de que o indivíduo não é responsável por suas ações quando as pratica, pois segundo a concepção deles, quando o indivíduo age segundo o mal, ele apenas está agindo de acordo com sua natureza má. Portanto, age de acordo com algo que lhe é intrínseco. Essa postura é rejeitada categoricamente pelo Bispo de Hipona de início.

No Livro II, Santo Agostinho irá provar a existência de Deus com a finalidade de apresentá-lo como o autor do livre-arbítrio, que em si é um bem e não um mal. É dessa forma que ele se expressa quando indaga *esse dom* (o livre-arbítrio) *que certamente possuímos e pelo qual pecamos, sabes que foi Deus quem no-lo concedeu?*[21] Com essa pergunta, ele está afirmando que o livre-arbítrio foi concedido por Deus, como um bem, pois *tudo o que é bom procede*

---

20 Ibid., p. 26.
21 SANTO AGOSTINHO, *O Livre-arbítrio*, II, 1, 1, p. 73.

de Deus.²² Dessa forma, ele está novamente atacando as teses fundamentais dos maniqueístas, que acreditavam na existência de duas entidades ontológicas e coeternas que lutavam entre si, de onde toda bondade e maldade tinham origem. Agostinho contrapõe-se a essa ideia ao afirmar que existe apenas um Único Deus, que é sumamente bom e que concedeu aos homens um dom, o livre-arbítrio, que é em si um bem.

O Livro III trata-se de uma reafirmação das teses dos dois livros anteriores que, em resumo, afirmavam: *Portanto, precisamos reconhecer a vontade como dom de Deus e quanto foi conveniente ela nos ter sido dada.*²³ Esse é o tom final dessa obra. Santo Agostinho afirma em cada página, em cada parágrafo e em cada argumento o livre-arbítrio da vontade humana, mesmo que este dom tenha conduzido o homem, capitaneado por sua vontade, para longe de seu Criador. Agostinho ainda enfatizará a ideia de que mesmo sendo Deus aquele que determina todas as coisas por sua providência, é na vontade humana que reside a responsabilidade pelo pecado ou afastamento de Deus. Pois Deus manifestou-se bom ao criar o homem e dotá-lo com o livre-arbítrio, mostrou-se justo ao puni-lo pelo seu pecado e revelou-se misericordioso ao salvá-lo.²⁴

Ao tomar essa obra sem a devida compreensão do seu contexto histórico, filosófico e teológico, certamente se

---

22 Ibid., p. 74.
23 Ibid., III, 1, 1, p. 147.
24 Ibid., III, 2, 4, p. 152.

incorrerá em uma interpretação equivocada, ou seja, não sendo coerente com o sentido que o autor tencionava dar sobre os conceitos de livre-arbítrio, vontade e liberdade. Pois foi justamente o que os pelagianos fizeram. O próprio Pelágio, em sua defesa diante do papa Zózimo (370 – 418) a respeito da acusação de heresia, utilizou passagens dessa obra.[25] Várias passagens[26] foram citadas e até mesmo utilizadas pelos pelagianos em seus ensinos sobre a vontade e a liberdade, o que rendeu nas *Retratações* de Santo Agostinho um longo espaço e muitas linhas para justificar sua posição diante do erro dos pelagianos ao interpretá-la.

Em uma primeira leitura, sem considerar os fatores acima citados, certamente ocorrerão interpretações equivocadas, pois Santo Agostinho parece enfatizar a total capacidade humana de querer e realizar o que sua vontade determina, o que era enfatizado por Pelágio e seus discípulos, mas essa não era a questão que Agostinho estava tentando responder. Vale lembrar que toda essa obra, especialmente o Livro I, foi composta a fim de se demonstrar que o indivíduo é responsável pelas suas ações frente a uma concepção maniqueísta que colocava na natureza má dos homens a responsabilidade de suas más ações. Por isso, tomar essa obra sem a devida análise de seus pressupostos e contexto é cair em erro. Outro detalhe a ser mencionado

---

25 COSTA, Marcos Roberto Nunes. *Os três Agostinhos do livre arbítrio/liberdade*. Pensando – Revista de Filosofia Vol. 9, Nº 17, 2018 ISSN 2178-843X. Disponível em: https://revistas.ufpi.br/index.php/pensando/article/view/6444/4508. *Acessado em: 29.05.2020*. p. 248.

26 SANTO AGOSTINHO, *O Livre-arbítrio*, I, 12, 26; 13, 28; 14, 30; II, 1, 2; 18, 47; III, 18, 50; 18, 52; 20, 58.

aqui é o fato de que os livros II e III foram escritos posteriormente, na época dos embates iniciais com Pelágio e os pelagianos. Existem sugestões[27] de que há, nesses dois últimos livros, uma mudança de direção ou um desenvolvimento dos conceitos de *Livre-arbítrio* e *Liberdade* diferentes daqueles do primeiro livro. Todavia, essa diferença é apenas aparente, pois com a devida análise, percebe-se que os conceitos são reafirmados e mantidos, apenas explicados de maneira progressiva à medida que o texto se desenvolve e as questões exigem. Ou seja, não há uma alteração de sentido, apenas uma explicação mais detalhada e sistemática a partir das diferentes necessidades.

Mas, como a liberdade aparece nessa obra? Ela aparece na medida em que cada indivíduo como genitor de sua má ação é o único responsável por ela, sendo justamente punido por Deus ao praticá-la, pois as más ações *não teriam sido punidas com justiça, se não tivessem sido praticadas de modo voluntário.*[28] Esse é o ponto fundamental na argumentação contra os maniqueístas, pois é no próprio indivíduo que reside a vontade e a liberdade de agir,

---

27 Em seu artigo "*Os três Agostinhos do livre arbítrio/liberdade*, o Dr. Marcos Roberto Nunes da Costa defende que a três Agostinhos que tratam de forma diferentes os conceitos de Livre-arbítrio e Liberdade. Um deles, quando ele está tratando com as questões maniqueístas (Livro I) e os outros, quando se deparam com a controvérsia pelagiana (Livros II e III). COSTA, Marcos Roberto Nunes. *Os três Agostinhos do livre arbítrio/liberdade*. Pensando – Revista de Filosofia Vol. 9, Nº 17, 2018 ISSN 2178-843X. Disponível em: https://revistas.ufpi.br/index.php/pensando/article/view/6444/4508. *Acessado em: 29.05.2020.*

28 SANTO AGOSTINHO, *O Livre-arbítrio*, I, 1, 1, p. 26.

dessa forma *não há nenhuma outra realidade que torne a mente cúmplice da paixão a não ser a própria vontade e o livre-arbítrio.*[29] Contudo, essa possibilidade de escolha ou o livre-arbítrio que foi dado pelo Criador aos homens é um bem, pelo qual ele age e será julgado. É nesse contexto que Santo Agostinho está refletindo sobre o propósito desse dom e diz como se fosse o próprio Deus indagando o homem: *Eu te castigo porque usaste de tua vontade livre para aquilo que eu a concedi a ti? Isto é, para agires com retidão.*[30] A resposta dada por Agostinho é não. Foi justamente pela má utilização do dom de Deus que o homem, por sua livre vontade e liberdade, afastou-se de seu Criador, o que é revelado aqui por Evódio ao declarar: *Eis que agora não nego mais, antes admito que tudo o que Deus previu acontece necessariamente. Mas se ele previu os nossos pecados, foi de tal forma que haveríamos de guardar nossa vontade. E não deixa de ser livre, e estar sempre posta sob nosso poder.*[31] A liberdade, aqui, está na total responsabilidade do indivíduo e não na responsabilidade de alguma natureza intrínseca que leva o homem a pecar, *pois, criando-os, Deus não os forçou a pecar, visto que lhes deu poder de os cometer ou não, caso quisessem.*[32] Dessa forma, tanto no primeiro livro quanto no segundo e no terceiro, percebe-se a ênfase dada por Santo Agostinho sendo reiterada e confirmada, mesmo depois de certo tempo entre os referidos livros que

---

29 Ibid., I, 11a, 21, p. 52.
30 SANTO AGOSTINHO, *O Livre-arbítrio*, II, 1, 3, p. 74.
31 Ibid., III, 4, 9, p. 159.
32 Ibid., III, 5, 14, p. 165.

compõem essa obra, por isso, ele reafirma que *tudo se realiza de tal forma que sempre fica intacta a vontade livre do pecador.*[33]

Todavia, subjaz, ainda, uma questão a ser tratada nessa obra em relação ao livre-arbítrio e à liberdade. Que tipo de liberdade o homem goza? Ao que parece, Santo Agostinho trata a humanidade em dois grupos. O primeiro, é Adão como representante de toda a raça. E o segundo, todo o restante dos indivíduos. A razão disso é o fato de que, quase sempre, quando ele se refere ao poder da liberdade, o poder da vontade e o poder do livre-arbítrio de forma plena, há uma ideia subjacente apontando para o homem na criação, ou seja, Adão. Por exemplo, quando ele indaga a Evódio: *esse dom que certamente possuímos e pelo qual pecamos, sabes que foi Deus quem no-lo concedeu?*[34] Primariamente ele está se referindo à condição de toda a humanidade, entretanto, ao dizer *pelo qual pecamos*, ele refere-se a alguém além dele e de Evódio, ou seja, a Adão e seu primeiro pecado, que posteriormente Agostinho irá desenvolver a doutrina do *Pecado Original*[35]. Se não compreendida dessa forma, passagens que descrevem a incapacidade

---

33 Ibid., III, 6, 18a, p. 169.

34 Ibid., II, 1, 1, p. 73.

35 O conceito de Pecado Original aparece como o problema central para o qual a graça é o remédio. Esse conceito surge no horizonte agostiniano possivelmente, na obra *A Simpliciano*, Livro I, 1, 10 e 11, p. 25 – 27. Contudo, esse conceito não será explorado nessa obra especificamente devido ao fato, dele ser tratado conjuntamente com a graça no decorrer das obras utilizadas, bastando assim, para o entendimento desse conceito importante.

da vontade em escolher o bem tornam-se um problema, uma contradição na obra. Por exemplo: *Mas é verdade que o homem que cai por si mesmo não pode igualmente se reerguer por si mesmo, tão espontaneamente.*[36] Passagens como essa podem aparentar uma contradição ou uma mudança brusca no pensamento do autor. Todavia, se analisada de forma a compreender os pressupostos, percebe-se que, nessa última passagem citada, ele está relacionando a humanidade caída como consequência do primeiro pecado de Adão, por isso, ela não pode erguer-se mesmo que queira. Agostinho expõe seu ponto da seguinte forma:

> Todavia, se o homem fosse bom (humanidade), agiria de outra forma. Agora, porém, porque está nesse estado (consequência do pecado de Adão) ele não é bom nem possui o poder de se tonar bom. Seja porque não vê em que estado deve se colocar, seja porque, embora o vendo, não tem a força de se alçar a esse estado melhor, no qual sabe que teria o dever de se pôr.[37]

A liberdade é afirmada na obra *O Livre-arbítrio* de duas maneiras. A primeira maneira, na total liberdade que o homem, Adão, teve de escolher; segundo, sua vontade livre, mediante o dom que recebeu, o livre-arbítrio, de afastar-se de seu Criador, ou seja, de pecar. A segunda maneira, na total responsabilidade da raça humana caída diante de suas más ações, pois cada indivíduo é o autor

---

36 SANTO AGOSTINHO, *O Livre-arbítrio*, II, 20, 54, p. 143.
37 Ibid., III, 18, 51, p. 209.

de sua má ação, e não alguma força intrínseca que o impele necessariamente a cometer qualquer mal. Todavia, a liberdade que a humanidade goza e da qual o livre-arbítrio da vontade o faz escolher é limitada pelo atual estado em que se encontra. Necessitando, assim, de um auxílio que a torne novamente capaz de querer e poder ser livre para escolher o bem.

1.2 A Liberdade na Obra O Espírito e a Letra.

Essa obra foi composta a fim de responder as dúvidas do tribuno romano de Cartago, Flávio Marcelino, que ao ler os três livros sobre *Os Méritos e a Remissão de Pecados*, fica em dúvida quanto a uma afirmação de Santo Agostinho sobre a possibilidade de um homem viver sem pecado auxiliado por sua vontade. Em 412, Santo Agostinho escreve essa obra, tendo em mente, primariamente, responder a seu amigo, além de atuar com a mesma obra em duas frentes de discussão. A primeira frente de discussão é contra os maniqueístas que negavam a utilidade do Antigo Testamento porque criam que ele havia sido feito pelo Deus mau, diante disso, Agostinho irá demonstrar que o Antigo e o Novo Testamento apresentam a mesma mensagem, com perspectivas distintas. A segunda frente é contra os pelagianos que afirmavam que a lei era um dom de Deus e que a natureza humana era plenamente capaz de justificar o homem diante de Deus.[38]

---

38 SANTO AGOSTINHO, *O Espírito e a Letra*, Introdução, p. 11 a 15.

Na tentativa de responder ao seu amigo, Flávio Marcelino, e ainda enfrentar o ensino dos Maniqueístas e Pelagianos, Agostinho utilizará como fundamento para sua resposta e defesa o texto do apóstolo Paulo presente na sua *Segunda Carta Aos Coríntios*, capítulo três, verso seis que diz: *Ele nos capacitou para sermos ministros de uma nova aliança, não da letra, mas do Espírito; pois a letra mata, mas o Espírito vivifica.*[39] Tomando como ponto de partida a explicação desse texto, ele pretende sanar as dúvidas e combater seus opositores. Essa obra é considerada como a obra de *demolição mais fundamental do pelagianismo.*[40] Daí a importância de saber quais seriam as teses fundamentais dos pelagianismo. Porque em se tratando do maniqueísmo, já foi abordado anteriormente.

Todavia, antes de se abordar resumidamente as teses fundamentais do pelagianismo, é importante perceber uma característica ímpar desse texto, que é o fato de Santo Agostinho utilizar frequentemente o texto bíblico em suas respostas. É evidente que ele também utiliza o texto bíblico nas suas outras obras, mas aqui, ele o faz com uma frequência marcante. Uma possibilidade para tal característica seria o fato dele estar mostrando para Marcelino e os leitores que viriam a ter acesso a sua obra posteriormente, que seus argumentos não se fundamentam apenas na razão, mas principalmente na revelação das Escrituras. Se essa possibilidade for plausível, temos também uma espé-

---

39 BÍBLIA SAGRADA: *Nova Versão Internacional*, I Coríntios 3. 6, p. 1442.
40 BROWN, 2011, p. 463.

cie de crítica velada às ideias pelagianas, que faziam uso mais de argumentos filosóficos do que da revelação escriturística.

O pelagianismo é um conjunto de doutrinas que surgiu a partir dos ensinamentos de um bispo inglês chamado Pelágio. Ele havia se mudado para África, por volta de 410 com outros refugiados de famílias nobres romanas.[41] Após breve período em território Africano, mudou-se para Roma, onde ficou por um período longo e ganhou fama. Ele também escreveu um comentário às treze cartas do apóstolo Paulo. No geral, Pelágio era um bom cristão[42], no entanto, foi seu discípulo Celéstio quem iniciou a controvérsia propriamente dita com Santo Agostinho.[43] Em linhas gerais, a disputa e a controvérsia giravam em torno das teses fundamentais defendidas por Pelágio e seus discípulos. Eles defendiam:

> A suficiência da natureza humana, não enfraquecida essencialmente pela queda de Adão, para cumprir a vontade de Deus; a negação do pecado original transmitido como culpa ou corrupção, desde Adão, a toda a humanidade; as expectativas morais e espirituais mais elevadas do cristão batizado, capaz de uma vida de perfeita santidade, porque Deus assim determina; um entendimento dos dons da graça, que, para o pelagianismo, excluiriam ou, na

---

41 BROWN, 2011, p. 425.
42 Ibid., p. 432.
43 Ibid., p. 428.

melhor das hipóteses, minimizariam drasticamente o poder da capacidade humana, sem a obra interior da qual nada se poderia fazer de aceitável a Deus.[44]

Por meio dessas teses, a disputa inicia-se, sendo elas atacadas em seu fundamento justamente por meio dessa obra *O Espírito e a Letra*. Vale a pena mencionar que as teses de Pelágio e consequentemente dos pelagianos foram condenadas no *Concílio de Éfeso* em 431.[45] Todavia, foi no *Concílio de Orange*, em 529, que uma variação das ideias pelagianas conhecida como Semipelagianismo foi adotada informalmente, ou seja, eles adotaram uma postura de cooperação do indivíduo para a sua própria salvação[46], posição essa contrária à defendida por Agostinho, mas que continuou a ser aceita até os dias de hoje dentro da Igreja Católica Apostólica Romana e posteriormente em algumas denominações oriundas da Reforma Protestante.

A obra é iniciada apresentando o motivo pelo qual ela foi escrita, isto é, trata-se de uma resposta a Marcelino sobre a possibilidade de o homem viver sem pecar, não valendo-se do auxílio da graça Divina[47]. Todavia, no mesmo parágrafo, Santo Agostinho nega veementemente essa possibilidade ao dizer: *Contudo, esta perfeição não a teve nem terá nenhum ser humano aqui no mundo, excetuando*

---

44 FERGUSON, 2009, p. 783.
45 TITILLO, 2013, p. 178 e 179.
46 Ibid., p. 191.
47 SANTO AGOSTINHO, *O Espírito e a Letra*, I, 1 p. 17.

aquele no qual todos receberão a vida (1 Coríntios 15. 22).[48] Em outras palavras, o único que viveu sem pecado, mesmo tendo a natureza humana completa em si, foi Jesus. Todos os demais seres humanos, por natureza, não conseguem viver neste mundo sem pecar. Essa é uma afirmação que vai de encontro às ideias fundamentais de Pelágio e seus discípulos, que acreditam na possibilidade da perfeição de vida aqui no mundo. Contudo, prossegue Agostinho, *mas é preciso resistir com decisão e veemência àqueles que consideram ser possível às forças humanas da vontade, sem o auxílio divino, ou viver na justiça ou nela progredir após tê-la alcançado.*[49] Nesse trecho, o bispo de Hipona não está afirmando ser possível viver sem pecar, mas está declarando que é mais coerente admitir, mesmo que hipoteticamente, essa possibilidade, ou seja, de viver sem pecar, do que negar a graça que nos possibilitaria o viver em retidão, pois sem o auxílio da graça nada poderia ser feito.

Na sequência da argumentação agostiniana, ao que parece, os pelagianos não negam a graça divina, mas a entendem de outra forma. Eles consideram o livre-arbítrio e os preceitos (a lei de Deus) como graça de Deus e, por meio dela, eles podem merecer a vida eterna, viverem de forma piedosa e reta nesse mundo.[50] Após expor o conceito de graça divina segundo os pelagianos, Agostinho demonstra que o real sentido da expressão paulina *A letra mata, mas o*

---

48 Ibid., Id.
49 Ibid., II, 4, p. 19.
50 SANTO AGOSTINHO, *O Espírito e a Letra*, II, 4, p. 20.

Espírito comunica vida é:

> ... claramente que o viver na justiça é um dom divino, não porque Deus tenha dotado o ser humano com o dom da liberdade, sem o qual se vive nem justa nem injustamente, nem somente porque deu uma Lei mediante a qual ensina como se deve viver. É um dom de Deus porque, pelo Espírito Santo, difundiu o amor no coração daqueles que conheceu de antemão para predestiná-los, chamou para justificá-los, justificou-os para glorificá-los (Romanos 8. 28, 30).[51]

Nessa resposta, tem-se a percepção clara da ideia de Agostinho sobre o viver sem pecar, declarada contra seus opositores. Em sua concepção, a justiça é um dom da parte de Deus que é aplicado pelo Espírito Santo naqueles a quem Ele predestinou. Não se trata de elementos externos que garantem a ação, mas sim uma transformação operada pelo Divino no coração dos homens para que eles possam agir retamente em justiça pela graça concedida. Segue-se, portanto, o que o apóstolo Paulo, interpretado por Agostinho, afirma que existe a necessidade de a alma ser ajudada e curada para que possa agir com retidão.[52] E, por isso, ele afirma: *E são justificados gratuitamente por sua graça (Romanos 3. 24). Não são justificados pela Lei ou pela sua vontade própria; mas justificados gratuitamente por sua graça.*[53] Nesses termos, não é que a vontade não esteja envolvida na

---

51 Ibid., v, 7, p. 23.
52 Ibid., viii, 13, p. 30.
53 Ibid., ix, 15, p. 33.

justificação, ela está, mas encontra-se enferma, necessitando, assim, de cura, para que, posteriormente, deseje obedecer à Lei, que a condenava, mas que após sua justificação gratuita, torna-se objeto de sua vontade para cumpri-la. É nessa perspectiva que Santo Agostinho nos diz: *Assim, pela lei das obras, Deus diz: Faze o que mando, e pela lei da fé se diz a Deus: Concede o que mandas.*[54] E conclui sua ideia sobre o propósito da Lei e sua relação com a graça quando declara: *Portanto, a Lei foi dada para que se procurasse a graça; a graça foi dada para dar pleno cumprimento à Lei.*[55] Ou seja, não há contradição ou dissociação do conteúdo do Antigo Testamento com o Novo, como pensavam os maniqueístas, mas sim há uma complementariedade, pois, o propósito da Lei (Antigo Testamento) foi conduzir o homem à graça (Novo Testamento), e esta ao cumprimento da Lei.

A liberdade, portanto, aparece, aqui, no contexto da relação entre a *letra da Lei que mata e do Espírito que vivifica*. Em outras palavras, pela tentativa humana fundamentada em sua própria vontade e natureza, o homem não pode, por causa da enfermidade de sua alma e da mancha que o pecado ocasionou na imagem de Deus impressa nele, cumprir a Lei e ser por meio desse cumprimento merecedor da beatitude eterna. Principalmente porque a Lei não tinha a finalidade de salvar o homem de sua condição. Segue-se, portanto, a necessidade da graça divina que concede vida

---

54 Ibid., XIII, 22 p. 42.
55 Ibid., XIX, 34, p. 55.

ao homem para que este possa viver retamente, pois é pela graça que o homem recebe a liberdade, *assim a liberdade não é anulada pela graça, mas consolidada, já que a graça cura a vontade, pela qual se ama livremente a justiça.*[56] Dito em outros termos, a verdadeira vida e liberdade é fruto não da natureza e vontade dos indivíduos, mas procedente da graça de Deus que vivifica e liberta o homem de seu pecado para que este possa, verdadeiramente livre e vivificado, amar e viver segundo a Lei, que antes o condenava, mas que a partir de sua liberdade passa a seguir e amar.

A partir do que foi exposto nessa obra, é possível ver que Agostinho ao responder seu amigo Marcelino, termina por mostrar a verdadeira natureza da liberdade e sua relação com a graça e a Lei presente no Antigo Testamento em resposta aos maniqueístas que duvidavam da importância deste. Todavia, as questões levantadas por Pelágio e seus discípulos vão prosseguir em relação à natureza humana e sua liberdade como se segue.

1.3 *A Liberdade na Obra A Cidade de Deus, Livro V.*

Escrita por volta dos anos de 413 e 427, tendo como pano de fundo o final das disputas Donatistas e o início das disputas Pelagianas[57], *A Cidade de Deus* é considerada a maior e mais árdua obra escrita por Santo Agostinho. É

---

56 SANTO AGOSTINHO, *O Espírito e a Letra*, XXX, 52, p. 78 e 79.
57 BROWN, 2011, p. 351 a 355, Parte IV: de 410 a 420 – Tabela Cronológica.

a primeira obra que versa sobre uma teologia filosófica da história.[58] Sua finalidade é claramente mostrar a história da redenção do homem, tendo como pano de fundo a libertação operada pela graça. Pois a história humana é a história da salvação dos homens.[59]

Diante das acusações de que o Deus cristão era incapaz de proteger um império, Agostinho se vê obrigado a defender a fé cristã. Ele faz sua defesa na forma de um livro que se constituiu a obra mais formal, ou seja, erudita, segundo os moldes do Período Clássico, que ele já havia escrito.[60] Pode-se dizer que é um elo entre o mundo Clássico e o mundo Cristão que estava se formando no aspecto teológico, filosófico, histórico e cultural.[61]

É possível afirmar que a temática da liberdade está no pano de fundo de toda a obra, principalmente a *complementariedade entre graça e liberdade na história dos homens*.[62] Ou ainda, como afirma o professor Emmanuel Carneiro Leão: É o desafio da vida de todo *cristão: libertar o homem em si e nos outros das lutas pela independência*

---

58 LEÃO, Emmanuel Carneiro. *Introdução: Fé Cristã e História*. Presente em SANTO AGOSTINHO. *A Cidade de Deus – Parte I*. Tradução de Oscar Paes Leme. Rio de Janeiro: Vozes, 2012. (Vozes de Bolso), p. 27 a 32.

59 Ibid., p. 27.

60 BROWN, 2011, p. 377.

61 Ibid., p. 379.

62 LEÃO, Emmanuel Carneiro. *Introdução: Fé Cristã e História*. Presente em SANTO AGOSTINHO. *A Cidade de Deus – Parte I*. Tradução de Oscar Paes Leme. Rio de Janeiro: Vozes, 2012. (Vozes de Bolso), p. 29.

para a liberdade da Fé e as obras da graça.[63] Seria possível, portanto, analisar toda a obra a partir da ótica da liberdade, todavia, nosso foco será apenas o Livro v, em que diretamente Santo Agostinho trata da liberdade sob esses aspectos de uma teologia filosófica da história.

No Livro I, Santo Agostinho rebate as acusações de que pelo fato do Cristianismo ter sido aceito como religião no Império, este sofreu os ataques dos bárbaros, bem como a ideia de que o Deus cristão não protegeu as mulheres cristãs da violência dos soldados. No Livro II, Agostinho versa sobre os males que antecederam a Cristo no Império e afirma que os verdadeiros males são os da alma e os falsos deuses. O Livro III mostra os males advindos dos costumes e do culto aos deuses que antecedem a Cristo e por causa disso eles sempre foram angustiados. No Livro IV, ele argumenta que o poder e a grandeza do Império Romano não são causados pela adoração aos falsos deuses pagãos, mas sim por causa do único Deus verdadeiro. É, portanto, no Livro V, que Agostinho confrontará a ideia de um fatalismo existente desde a cultura grega que também foi incorporado na cultura romana por meio da defesa da presciência divina, enfatizando o livre-arbítrio do homem.

Logo no prólogo do Livro V, Santo Agostinho declara que a felicidade é o bem mais desejável de todos, porque *consta que o máximo de todas as coisas que se devem*

---

63 LEÃO, Emmanuel Carneiro. *Introdução: Fé Cristã e História*. Presente em SANTO AGOSTINHO. *A Cidade de Deus – Parte I*. Tradução de Oscar Paes Leme. Rio de Janeiro: Vozes, 2012. (Vozes de Bolso), p. 29.

desejar é a felicidade, que não é deusa, mas dom de Deus; portanto, deus algum deve ser adorado pelos homens, salvo o que possa fazê-los felizes.[64] Há, aqui, uma dupla defesa. Em primeiro lugar, ele afirma que a felicidade, que é o bem que todos desejam, não é uma deusa como entendiam os romanos, mas um dom de Deus, e, em segundo lugar, ele declara que somente Deus pode dar aos homens essa verdadeira felicidade.

Após esse princípio, o livro segue com uma apologia agostiniana que tem a finalidade de mostrar que todos os benefícios que o Império Romano gozou não foram fruto dos deuses, mas sim da providência do Deus Cristão. *Sem dúvida* (fala Agostinho), *a Divina Providência constitui os reinos humanos.*[65] Em outras palavras, todos os governos têm origem na providência de Deus, isso inclui o próprio Império Romano também. Não foram os deuses quem tornaram o Império o que ele veio a se tornar, mas foi a permissão de Deus. Com isso, Agostinho está mostrando o caráter universal da providência divina, em contraste com as limitações das divindades greco-romanas. Dessa forma, ele estava se opondo não àqueles que adoram alguma divindade, mas *contra os que, para defender seus pretensos deuses, opõem-se à religião cristã.*[66] Pois a questão de fundo não era apenas mostrar a providência divina, mas também uma defesa da religião cristã frente seus acusadores bem como a defesa da liberdade dos indivíduos.

---

64 SANTO AGOSTINHO. *A Cidade de Deus*, v, Prólogo, p. 217.
65 SANTO AGOSTINHO. *A Cidade de Deus*, V. 1, p. 217.
66 Ibid., v, 1, p. 218.

Sob essa base, Santo Agostinho refuta, também, a ideia equivocada de que são os astros, as divindades, o destino ou a fatalidade que dirigem todas as coisas, bem como a negação de Cícero de que a providência divina não existe. A essas afirmações, ele dirá: *porque confessar a existência de Deus e negar que é presciente do futuro é a extravagância número um.*[67] A grande dificuldade de se assumir o entendimento de que existe um Deus soberano e que, por isso, tem o poder para realizar todas as coisas e que sabe de todas as coisas por meio de sua presciência, é entender onde fica resguardada a liberdade da vontade humana? Essa era a dúvida de Cícero, que entendia que se assumisse uma postura, teria que negar necessariamente a outra. Por outro lado, *afirmamos* (dirá Agostinho) *que Deus sabe todas as coisas antes de sucederem e que fazemos por nossa vontade quanto sentimos e conhecemos não se fazer sem que o queiramos.*[68] Não há, pois, oposição entre vontade e providência, na concepção agostiniana, como revela essa afirmação. Não é pelo fato de Deus prever todas as coisas que não temos a liberdade de fazer o que queremos. Até porque, segundo o entendimento agostiniano, *nossa vontade pode tanto quanto Deus quis e soube de antemão que poderia.*[69] Não há incompatibilidade entre a providência divina e a vontade livre. Essa é a defesa de Agostinho, que conclui seu argumento, dizendo:

---

67 Ibid., v, 9, p. 229.
68 Ibid., v, 9, p. 231.
69 Ibid., v, 9, p. 233.

Por isso, de maneira alguma nos vemos constrangidos, admitida a presciência de Deus, a suprimir o arbítrio da vontade ou, admitindo o arbítrio da vontade, a negar em Deus a presciência do futuro, o que é verdadeira impiedade. Abraçamos, isso sim, ambas as verdades, confessamo-las de coração fiel e sincero; uma, para que nossa fé seja reta, a outra, para que nossa vida seja santa.[70]

Com essas declarações, Santo Agostinho confirma a fé cristã em um Deus que governa todas as coisas e tem todo o conhecimento, bem como a liberdade de agir dos indivíduos que não são guiados pelo destino ou pela fatalidade, mas sim pela presciência de um Deus sumamente bom. Esse é o tom que rege todo o restante do Livro V.

Contudo, onde percebemos a liberdade nesse livro? Em primeiro lugar, na percepção de que a liberdade não se constitui antagônica à presciência, muito pelo contrário, dirá Agostinho, *longe de nós negar a presciência, por querermos ser livres, visto como com seu auxílio somos ou seremos livres.*[71] Pois é por meio da presciência de Deus que se alcança a liberdade. Em segundo lugar, a liberdade aparece nesse livro quando Agostinho novamente reafirma a responsabilidade dos indivíduos diante dos seus pecados ao entender que *não se põe em dúvida que o homem peca quando peca, justamente porque aquele cuja presciência não pode enganar-se soube de antemão que nem o desti-*

---

70 SANTO AGOSTINHO. *A Cidade de Deus*, V, 10, p. 235.
71 Ibid., V, 10, p. 235.

no, nem a fortuna, nem outra coisa havia de pecar, senão o próprio homem.[72] Em outros termos, o homem é o autor e responsável por suas escolhas, inclusive a de pecar. Em último lugar, Agostinho fala, nessa obra, de uma *verdadeira liberdade, que nos torna livres do jugo da injustiça, da morte e do diabo.*[73] Ou seja, por meio dessa liberdade, os homens tornam-se livres dos inimigos que os aprisionam na alma e dos quais armas ou reis não podem libertá-los. Por isso, entende Agostinho, é somente *pela pregação do santo Evangelho, pela qual os cidadãos da pátria soberana são libertados e recolhidos de diversos erros.*[74] A liberdade aparece como prêmio gracioso da parte de Deus aos habitantes da cidade celeste, que são chamados pela pregação do Evangelho, segundo a presciência divina que os elegeu antes da fundação do mundo.

1.4 A Liberdade na Obra A Natureza e a Graça.

O contexto no qual Santo Agostinho compôs essa obra, remete agora, literalmente a uma rota de colisão com Pelágio e o pelagianismo. Foi a partir da leitura de uma obra de Pelágio intitulada *Sobre a Natureza* que Agostinho se envolveu na disputa pelagiana diretamente. Ele havia recebido uma cópia dessa obra por meio dos monges do mosteiro de Hadrumeto, Timásio e Tiago, que ao lerem a obra de Pelágio, tiveram dúvidas sobre algumas afirmações e pediram que Agostinho desse seu parecer. Em reposta

---

72 Ibid., v, 10, p. 236.
73 Ibid., v, 18, p. 248.
74 Ibid., v, 18, p. 250.

ao pedido destes monges, ele escreve: *Caríssimos Timásio e Tiago, fazendo uma breve pausa nos trabalhos que tenho em mãos, entreguei-me a uma leitura rápida, mas cuidadosa, do livro que me enviastes.*[75] Essa resposta constitui-se no livro *A Natureza e a Graça*. Agostinho e Pelágio nunca se encontraram, apesar da existência de um convite que nunca foi concretizado devido a algumas circunstâncias[76], contudo, suas ideias se encontrariam para além de suas próprias vidas.

Agostinho inicia seu texto elogiando Pelágio e reconhecendo a legitimidade de sua preocupação quando diz: *Deparei nele um homem deveras preocupado contra aqueles que, em lugar de imputar seus erros à vontade humana, inculpam a natureza do homem e nela se apoiam para se desculpar.*[77] Contudo, na opinião do Bispo de Hipona, Pelágio *excedeu-se no ardor em combater essa epidemia.*[78] Ou seja, o problema da obra de Pelágio está nas implicações de suas teses que levam aqueles que as admitem a negar a necessidade da obra de Jesus Cristo.

O ponto capital da disputa a partir da obra de Pelágio e da resposta dada por Agostinho, em sua obra, é a questão da natureza humana. Pois, a princípio, ambos entendiam que:

---

75 SANTO AGOSTINHO, *A Natureza e a Graça*, I, 1, p. 111.
76 BROWN, 2011, p. 428.
77 SANTO AGOSTINHO, *A Natureza e a Graça*, I, 1, p. 111
78 Ibid., Id.

Antes do pecado o homem levava uma vida cuja essência mesma era seu amor pacífico por Deus. Amando a Deus sem esforço, o homem não cometia pecado algum; não estava submetido a nenhum mal, a nenhuma dor, a nenhuma tristeza; ele era, portanto, incorruptível e imortal.[79]

Todavia, as divergências iniciam-se quando a reflexão parte para as consequências do pecado de Adão para a raça humana, isto é, nos descendentes deste. Na concepção agostiniana, *a natureza do homem foi criada no princípio sem culpa e sem nenhum vício. Mas a atual natureza, com a qual todos vêm ao mundo como descendentes de Adão, tem agora necessidade de médico devido a não gozar de saúde.*[80] A natureza humana, na perspectiva agostiniana, encontra-se enferma devido ao pecado de Adão, que tornou todos os seus filhos, isto é, toda a raça humana, adoecida por ele. Pelágio entende contrariamente que o homem tinha, em sua natureza, toda a potencialidade de ser justo, de agir com retidão e de ser salvo, utilizando-se da vontade livre e da Lei natural. Pois *Pelágio recusava-se a considerar que essa capacidade de auto aperfeiçoamento tivesse sido irreversivelmente prejudicada; a ideia de um 'pecado original', capaz de tornar os homens incapazes de não pecar ainda mais, parecia-lhe totalmente absurda.*[81] O ponto central, nesse quesito, é a perspectiva da potencialidade da natureza humana, para Pelágio e os pelagianos o pecado era ape-

---

79 GILSON, 2010, p. 281.
80 SANTO AGOSTINHO, *A Natureza e a Graça*, III, 3, p. 114.
81 BROWN, 2011, p. 427 e 428.

nas uma questão moral oriunda da ação da vontade, e não uma questão de natureza corrompida e incapaz de resistir ao pecado. Ou ainda, como o próprio Pelágio afirmava, na citação de Agostinho feita a partir de sua obra: *O fato de não se viver sem pecado, atribua-se antes a negligência de cada um*[82]. Eis aí o cerne da querela, o fato de Pelágio atribuir ao pecado apenas um estatuto da escolha, não tendo qualquer relação com a natureza humana. Do outro lado, temos Santo Agostinho afirmando a debilidade da natureza humana por causa do pecado.

Nesse mesmo sentido, Agostinho afirma:

> Percebi agora – e se tratando de assunto de máxima importância – como ele (Pelágio) se empenha em apresentar a natureza humana isenta de qualquer vício, e luta contra a clareza das sentenças escriturísticas com a arma da sabedoria charlatã, que anula a cruz de Cristo (1 Coríntios 1. 17).[83]

O que Agostinho está afirmando contra a posição de Pelágio em relação à natureza humana é que, por mais conscientemente cristão que fosse o movimento pelagiano, ele se apoiava solidamente no leito dos antigos ideais éticos do paganismo, sobretudo do estoicismo.[84] Temos que levar em conta que Pelágio era um cristão bem intencionado, que buscava viver piedosamente e que até mesmo comen-

---

82 SANTO AGOSTINHO, *A Natureza e a Graça*, XIII, 14, p. 123.
83 Ibid., XIX, 21, p. 129.
84 BROWN, 2011, p. 459.

tou as treze cartas do Apostolo Paulo[85], todavia, como observa Agostinho, sua argumentação não tinha como premissa fundamental as Escrituras, mas sim a argumentação filosófica. Por isso, a divergência fundante entre os dois, pois, um usava a ética e moral filosófica o outro usava as Escrituras como fundamento de suas reflexões. E, citado por Agostinho, vemos, nas palavras de Pelágio, sua posição, quando diz:

> Primeiramente, diz ele (Pelágio), deve-se discutir a razão pela qual se diz que a natureza foi enfraquecida e modificada pelo pecado. Daí que, antes de mais nada, creio ser preciso investigar o que seja pecado: se é uma substância ou um nome totalmente sem conteúdo, mediante o qual se expressa não uma coisa, uma existência ou um corpo, mas um ato de uma má ação." Em seguida, acrescenta: "Creio que tem este último significado. E se assim é, como pôde enfraquecer e modificar a natureza que carece de substância?[86]

A postura pelagiana nega veementemente a natureza adoecida e incapaz de, por suas próprias forças, obedecer à lei e não pecar. Tal postura é completamente rejeitada por Agostinho, que além de negar a potencialidade da ação humana, afirma repetidamente que a natureza está enferma, por isso, diz: *Mas para passar ao pecado, bastou-lhe o livre-arbítrio e esta foi a origem de sua ruína. Contudo, a*

---

85 Ibid., p. 426.
86 SANTO AGOSTINHO, *A Natureza e a Graça*, XIX, 21, p. 129 e 130.

volta para a justiça exige um médico, porque não está sadio; necessita de quem lhe dê a vida, porque está morto.[87] Ou seja, do ponto de vista agostiniano:

> assim como o que manqueia devido a um ferimento é de tal modo curado que, subsanado o mal passado, caminhe depois normalmente, assim o Médico não apenas cura nossos males de modo que deles nos libertamos, mas também que podemos fazer bem a caminhada restante, a qual, mesmo sãos, não pudemos fazer sem sua ajuda.[88]

O que está em jogo, além da questão da potencialidade da natureza, nessa obra, é o cuidado que Santo Agostinho tem em relação ao Médico que cura a alma e ao papel da graça, a fim de que a obra da cruz realizada pelo Médico (Jesus Cristo) não fosse negligenciada em troca da exaltação da capacidade da natureza humana de agir com justiça e salvar-se. Citando o apóstolo Paulo, o bispo de Hipona dirá:

> Ouviria com fidelidade e obediência o que está escrito: por meio de um homem o pecado entrou no mundo e, pelo pecado, a morte, e assim a morte passou a todos os homens, porque todos pecaram (Romanos 5. 12), e assim não rebaixaria a graça de tão excelente Médico ao não querer confessar que a natureza humana está corrompida.[89]

---

87 Ibid., XXIII, 25, p. 135.
88 Ibid., XXVI, 29, p. 139.
89 Ibid., XXXIX, 46, p. 156.

Na contramão da afirmação agostiniana, Pelágio dirá: *Pois o não pecar depende de nós, visto que podemos pecar e não pecar.*[90] Em outras palavras, Pelágio está dizendo que *temos a possibilidade de não pecar, a qual ele estabelece como inserida na natureza.*[91] Contudo, Agostinho não se oporia, em princípio, se Pelágio estivesse falando do primeiro homem, no caso Adão, que tinha em sua natureza, antes do pecado, a potencialidade intrínseca de não pecar. Por isso, ele diz: *Se o autor do livro se referisse à natureza do homem criada no princípio sem culpa e pura, aceitar-se-ia de certa maneira o que afirmou.*[92] Ao que parece, não é esse o caso, Pelágio continua negando a incapacidade da natureza humana, ao passo que, na perspectiva agostiniana em relação a Adão, nos é dito: *O próprio Adão, sem dúvida, foi criado inocente, mas o santo esclareceu que, com relação aos filhos da ira por natureza que trazem consigo o pecado herdado, não são imaculados desde o princípio devido à impotência das forças naturais.*[93] Somente Adão gozou do privilégio de ter sua natureza completamente livre do pecado e capaz de resistir a este, mas após ceder ao pecado, tornou sua natureza adoecida bem como a de todos os seus descendentes.

Em toda essa obra, Agostinho irá afirmar e reafirmar o papel central da graça, no trabalho de cura da natureza humana adoecida por causa do pecado. Pois sem

---

90 Ibid., XLIX, 57, p. 166.
91 Ibid., XLIX, 57, p. 167.
92 SANTO AGOSTINHO, *A Natureza e a Graça*, LI, 59, p. 169.
93 Ibid., LXIII, 75, p. 187.

a graça não há liberdade. *Por isso, os que são libertados pela graça não se denominam vasos de seus méritos, mas vasos de misericórdia (Romanos 9. 23).*[94] Não há mérito no indivíduo em se tratando da possibilidade de se libertar do domínio do pecado. Sem a graça, não há liberdade, essa é a mensagem de Agostinho contra as investidas de Pelágio. É nesses termos que a liberdade aparece aqui nessa obra.

Mas poderia ser levantada a objeção de que a graça, então, suprimiria a liberdade do indivíduo? A resposta de Santo Agostinho é: *Não pretendemos suprimir a liberdade da vontade ao lembrar estas verdades, mas apenas proclamar a graça de Deus.*[95] A graça não tem a finalidade de suprimir a liberdade, mas de curar a natureza para que esta possa ser livre. *O papel da graça é concebido somente em função dos males para os quais ela é o remédio.*[96] Ou seja, o pecado que adoeceu a vontade também a escravizou, tornando o pecado uma condição da natureza humana. *Por isso, com o socorro da graça por Jesus Cristo nosso Senhor, a imperiosa necessidade desaparecerá e nos será concedida a plena liberdade.*[97] A verdadeira liberdade é fruto não dá vontade ou da potencialidade desta, mas da ação graciosa da parte de Deus que liberta o homem, por sua graça, para que este possa agir sem o domínio do pecado.

---

94 Ibid., IV, 5, p. 115 e 116.
95 Ibid., XXXII, 46, p. 156.
96 GILSON, 2010, p. 271.
97 SANTO AGOSTINHO, *A Natureza e a Graça*, LXVI, 79, p. 190.

1.5 A Liberdade na Obra *A Graça de Cristo e o Pecado Original*.

O contexto no qual essa obra foi composta por Santo Agostinho está fundamentado nas afirmações de Pelágio e Celéstio em relação a duas posições fundamentais, são elas: a transmissão do pecado de Adão e a morte como consequência desse primeiro pecado.

Após vários debates, concílios e decisões papais, no Concílio de Cartago reunido entre 417 e 418, as ideias de Pelágio e consequentemente as de Celéstio foram condenadas, todavia, não extintas. Agostinho resolve ficar um período em Cartago[98], onde, após receber uma carta de três amigos que entrevistaram Pelágio na tentativa de retirar deste uma definição clara da graça e do pecado original, resolve escrever essa obra a fim de contra-argumentar as afirmações de Pelágio quanto a essas mesmas questões. Ela foi escrita em dois livros e dedicada a Albina, Piniano e Melânia.[99] Ao escrever seu texto, Agostinho irá definir a posição doutrinária da Igreja frente à posição pelagiana, que mais se identificava com a ética estoica[100] do que com a doutrina bíblica.

Após a saudação aos *prezadíssimos amigos*, Santo Agostinho vai direto ao ponto e cita a declaração feita pelo

---

98 BROWN, 2011, p. 354.
99 SANTO AGOSTINHO, *A Graça de Cristo e o Pecado Original*, Introdução, p. 201 – 204.
100 BROWN, 2011, p. 459.

próprio Pelágio aos seus amigos sobre a graça, que diz:

> Condeno todo aquele que pensa ou diz que a graça de Deus, pela qual Cristo veio a este mundo salvar os pecadores, não é necessária não apenas para cada hora e para cada momento, mas também para cada um de nossos atos; e aqueles que pretendem negar-lhe o valor, tenham a sorte das penas eternas.[101]

Aparentemente, lendo essa declaração sem o conhecimento das outras cartas e obras de Pelágio, escreve Agostinho, teríamos uma definição cristã da graça. Contudo, ele chama atenção para o fato de Pelágio afirmar que: *A graça, pela qual Cristo veio ao mundo para salvar os pecadores, ele a faz consistir apenas na remissão dos pecados ... e que Cristo proporcionou-nos ajuda para não pecar, porque ele, vivendo e ensinando santamente, deixou-nos o exemplo.*[102] Ou seja, é na sutileza das afirmações de Pelágio que Santo Agostinho vai demonstrar o erro das suas afirmações e as consequências para a cristandade na aceitação delas. Nessa primeira exposição agostiniana a partir dessa definição pelagiana, a ideia da graça torna-se apenas uma questão de imitação, da mesma forma a questão do pecado, pois *para Pelágio, os homens haviam simplesmente resolvido imitar Adão, o primeiro pecador.*[103] Aqui, pelo que foi exposto por Agostinho, Pelágio nega tanto a necessidade da graça

---

[101] SANTO AGOSTINHO, *A Graça de Cristo e o Pecado Original*, Livro I, II, 2, p. 213 e 214.
[102] Ibid., Livro I, II, 2, p. 213 e 214.
[103] BROWN, 2011, p. 457.

para as boas obras e salvação, quanto ao pecado original, reduzindo este apenas a uma questão externa, ou seja, de imitação e não a um problema da própria natureza transmitido por Adão.

Na sequência da obra, Santo Agostinho, com suas palavras, tenta mostrar no que consistia a graça na concepção pelagiana, e diz: *Isso porque faz consistir a graça e a ajuda de Deus, com que somos auxiliados para não pecar, ou na natureza e no livre-arbítrio, ou na lei e na doutrina.*[104] A partir desse entendimento, a vontade humana e o exemplo de Cristo são a ajuda suficiente para o homem poder ser justo, agir justamente e ser salvo, nada mais tendo a acrescentar. E completando sua argumentação contra Pelágio, Agostinho irá apresentar três fatores pelos quais o pensamento pelagiano enfatiza tanto a capacidade da natureza do homem. Ele assim apresenta o argumento pelagiano: *Pelágio estabelece e distingue três fatores em relação ao cumprimento dos mandamentos divinos: a possibilidade, a vontade e a ação. Pela possibilidade, o ser humano pode ser justo; pela vontade, quer ser justo; pela ação, é justo.*[105] Dessa forma, Pelágio entendia que a possibilidade de viver sem pecar foi dada a natureza humana pelo Criador, dito em outros termos, o ser humano em sua natureza tem o poder, a potencialidade de ser justo, pois ela foi dada aos homens para que pudessem usufruir dela. Os outros dois fatores, a vontade e a ação, pertencem exclusivamente ao

---

104 SANTO AGOSTINHO, *A Graça de Cristo e o Pecado Original*, Livro I, III, 3, p. 215.
105 Ibid., III, 4, p. 215.

homem e que a utilização destas depende exclusivamente dele e de mais ninguém. Isto é, *a doutrina de Pelágio define o pecado como sendo apenas um mau uso do livre-arbítrio; não diminui nem sua liberdade nem sua bondade natural, nem, consequentemente, seu poder de fazer o bem.*[106]

Então, como Santo Agostinho responderá a essas afirmações de exaltação e, até mesmo em certo sentido, de glorificação da natureza humana? Ele parafraseará e citará, literalmente, o Apóstolo Paulo, da seguinte forma:

> E para fazê-los saber que não tinham capacidade não somente para poder agir (pois já o havia recebido na natureza e na doutrina), mas também para o próprio agir, não diz: Deus que opera em vós o poder, como se o querer e o agir, os possuíssem por si mesmos e não necessitassem de ajuda com relação a esses dois fatores, mas diz: Pois é Deus que opera em vós o querer e o agir, ... (Filipenses 2. 12, 13).[107]

Dessa forma, Agostinho mostra que tanto a possibilidade de querer quanto a possibilidade de agir não estão subordinadas à potencialidade da natureza humana, mas sim à graça Divina. Até mesmo a Lei, que na concepção pelagiana é entendida como graça e estando ao alcance da possibilidade de cumprimento pela natureza humana, seguindo os passos do Apóstolo Paulo, Agostinho conclui:

---

106 GILSON, 2010, p. 299.
107 SANTO AGOSTINHO, *A Graça de Cristo e o Pecado Original*, Livro I, V, 6, p. 218 e 219.

Portanto, a graça é manifestada pela Lei, para que esta seja completada pela graça.[108] Ele ainda vai mais além ao afirmar, citando o Evangelho segundo João:

> Os que têm fé e os que se convencem a vir até ele, ele mesmo o revelou, quando disse: *Ninguém pode vir a mim, se o Pai que me enviou, não o atrair.* E um pouco depois, falando dos não crentes, disse: *Por isso vos afirmei que ninguém pode vir a mim, se isto não lhe for concedido pelo Pai (João 6. 44 – 46).* Esta é a graça que Pelágio deve confessar, se não quiser apenas ser chamado, mas também ser cristão.[109]

A graça, na concepção agostiniana, não apenas auxilia a natureza, mas conduz o indivíduo a Deus, pois, de outra forma, *a liberdade agirá por sua conta, se não vem; porém, se vem, não pode vir sem ajuda.*[110] Trata-se, aqui, da negação da tese pelagiana por parte de Santo Agostinho, que declara a total incapacidade da natureza humana de querer e poder ir a Deus, de poder agir justamente, de poder viver em retidão ou até mesmo de salvar-se por seus próprios méritos. Temos a diferença clara e evidente entre esses dois pensadores em relação à natureza humana, pois *o que (Agostinho) criticava de imediato no pelagianismo era muito menos um otimismo acerca da natureza humana do que o fato desse otimismo parecer basear-se numa visão*

---

108 SANTO AGOSTINHO, *A Graça de Cristo e o Pecado Original*, Livro I, IX, 10, p. 223.
109 Ibid., Livro I, X, 11, p. 225.
110 Ibid., Livro I, XIV, 15, p. 229.

cristalinamente inadequada da complexidade das motivações humanas.[111] O papel da vontade é tão pungente na filosofia pelagiana que não somente a visão da natureza humana é distorcida, como também a visão de união com Deus torna-se objeto da vontade e da possibilidade oriundas na natureza. Agostinho expõe essa percepção quando observa que *pela sentença se conclui que ele* (Pelágio) *defende a adesão a Deus sem a ajuda de Deus, pois esse é o significado da expressão 'somente pela liberdade do arbítrio'. Conclui-se, também, que uma vez unidos a ele, sem sua ajuda, merecemos receber sua ajuda depois de a ele aderirmos.*[112] Ou seja, do ponto de vista agostiniano, se for assumida a tese pelagiana da potencialidade da vontade intrínseca da natureza humana, chega-se, por consequência lógica, a admissão da possibilidade de chegar-se a Deus sem o auxílio da graça, então, o mérito reside no indivíduo e não em Deus. A esse respeito, Agostinho conclui: *Deixe de dizer tais coisas, repito. Pois Deus não somente outorga e ajuda nosso poder, mas também opera em nós o querer e o agir (Filipenses 2. 13). Não porque não queiramos ou não operemos, mas também porque, sem sua ajuda, não podemos desejar nem praticar o bem.*[113] A convicção de Agostinho não estava apenas nas suas análises e refutações das teses de Pelágio, mas também na convicção de que *este modo de pensar foi refutado por*

---

111 BROWN, 2011, p. 462 e 463.
112 SANTO AGOSTINHO, *A Graça de Cristo e o Pecado Original*, Livro I, XXII, 24, p. 236 e 237.
113 SANTO AGOSTINHO, *A Graça de Cristo e o Pecado Original*, Livro I, XXV, 26, p. 240.

aquele que diz: Sem mim, nada podeis fazer (João 15. 5).[114] Em outras palavras, a argumentação pelagiana foi refutada pelo próprio Cristo como diz as Escrituras.

O embate persiste devido à concepção e à insistência pelagiana na afirmação de que *qualquer que seja o sentido que dê a graça, afirma que é outorgada aos próprios cristãos conforme seus méritos.*[115] Não somente a graça é oriunda dos méritos, como também Pelágio dirá: *Ao dizer que a graça consiste não no auxílio da virtude de Cristo, e sim no seu exemplo a imitar, o que podemos esperar mais dele, que sempre apregoa o nome da graça sob ambíguas generalidades?*[116] E, além de ser ambíguo, Santo Agostinho o acusa de buscar, até mesmo entre suas obras (possivelmente a obra *O Livre-arbítrio*), textos que favoreçam seu ponto de vista[117], não levando em conta o contexto no qual tais obras foram redigidas nem o seu propósito pelo qual foram compostas.

Na segunda parte dessa obra, em que o foco de Santo Agostinho sai um pouco do âmbito da graça e muda para a questão da transmissão do pecado de Adão a seus descendentes e da morte como consequência do primeiro pecado, a disputa continua, pois ambos partem de pressupostos distintos. Vale a pena ressaltar

---

114 Ibid., Livro I, XXIX, 30, p. 243.
115 Ibid., Livro I, XXXI, 34, p. 246.
116 Ibid., Livro I, XXXIX, 43, p. 254.
117 Ibid., Livro I, XLIII, 47, p. 258.

que Santo Agostinho, aqui, trabalha basicamente como um detetive, buscando, pesquisando e investigando em cartas, livros, sínodos e depoimentos de Pelágio e Celéstio diante de concílios e papas a fim de demonstrar contradições e negações em relação à transmissão do pecado original de Adão.

Pelágio e Celéstio afirmavam e, como nos diz Agostinho: *insistem em manter, sustentar e defender a sua opinião, segundo a qual julgam que a humanidade não está sujeita às consequências do pecado do primeiro homem.*[118] Não somente isso, eles ainda afirmavam *que Adão foi a única vítima do seu pecado, o qual não atingiu o gênero humano; e que as crianças que nascem estão no mesmo estado que Adão antes da desobediência.*[119] Agostinho faz um compilado das principais teses defendidas por Celéstio no Concílio de Cartago que resumem o pensamento pelagiano nesses pontos, e ele alista as seguintes teses:

> Que Adão, criado como mortal, morreria, quer pecasse, quer não pecasse; que o pecado de Adão somente a ele arruinou, e não o gênero humano; que a lei conduz ao reino do mesmo modo que o Evangelho; que antes de Cristo existiram pessoas que viveram sem pecado; que as crianças, ao nascerem, encontram-se no mesmo estado que Adão antes da transgressão; que os homens

---

118 Ibid., Livro II, I, 1, p. 266.
119 Ibid., Livro II, II, 2, p. 267.

não são mortais devido à morte ou à prevaricação de Adão nem ressurgirão, porque Cristo ressuscitou.[120]

O problema dessas afirmações está na consequência acarretada por elas. Pois, se elas forem verdadeiras como eles afirmam, as doutrinas fundamentais relacionadas ao sacrifício de Cristo, a graça, a corrupção da natureza humana e a salvação perderiam seu propósito. Em resumo, partindo das teses propostas pelos pelagianos, a natureza humana não estaria adoecida e, portanto, não necessitaria de um Salvador. Por isso, Agostinho conclui dizendo: *Assim, atribuindo à natureza a salvação, nega o Salvador.*[121] Dessa forma, a simples ideia pelagiana de que *o primeiro pecado prejudicou não somente o primeiro homem, mas também aos demais seres humanos, não devido à descendência, mas ao exemplo*[122], esconde por trás uma completa negação da obra do Redentor.

Entretanto, Santo Agostinho reconhece que *o assunto, em que são objetos de discussão a liberdade e a graça de Deus, oferece muitas dificuldades para determinar os limites. A defesa da liberdade pode parecer a negação da graça de Deus, e a afirmação da graça parece eliminar a liberdade.*[123] Por outro lado, a explicação e resolução desse dilema

---

120 SANTO AGOSTINHO, *A Graça de Cristo e o Pecado Original*, Livro II, XI, 12, p. 275 e 276.
121 Ibid., Livro II, XXI, 24, p. 288.
122 Ibid., Livro II, XV, 16, p. 280 e 281.
123 Ibid., Livro I, XLVII, 52, p. 261 e 262.

reside no entendimento de que *a fé consiste propriamente na relação de dois homens. Pelo primeiro, fomos feitos escravos do pecado; pelo segundo, somos resgatados do pecado; por um, fomos precipitados na morte; pelo outro, somos libertados para a vida.*[124] É a afirmação, por excelência, da fé verdadeira, em que, por meio de Adão, todos recebemos a herança do pecado original, mas por meio de Cristo, recebemos a cura de nossa natureza e a verdadeira liberdade, pela qual nossa natureza passa a buscar a Deus. É dessa forma que a liberdade aparece e é explicada nessa obra.

1.6 A Liberdade na Obra A Graça e a Liberdade.

Produzida no contexto das dúvidas oriundas da relação entre a graça Divina e a liberdade humana, essa obra teve a finalidade de apaziguar os ânimos no mosteiro de Hadrumeto, que após a leitura de uma carta de Agostinho endereçada ao então presbítero romano Xisto, levantou-se intensas disputas e dúvidas entre os irmãos desse mosteiro. O abade Valentim, chefe do mosteiro, envia a Santo Agostinho dois irmãos, Crescônio e Félix, a fim de obter dele respostas em relação às questões que levaram à divisão no mosteiro. Além de duas cartas, a carta 194 e a 195, Agostinho envia a presente obra com a intenção de esclarecer a relação inseparável entre a graça e a liberdade. Isso ocorreu por volta do ano 427.

---

124 Ibid., Livro II, XXIV, 28, p. 292.

Santo Agostinho dá início a sua obra expondo sua posição ao colocar-se contrário aos extremos nas questões que tocam os temas da graça e da liberdade, ao declarar:

> Contra aqueles que advogam e defendem a liberdade do homem a ponto de se atreverem a negar e omitir a graça de Deus, com a qual ele nos chama e somos libertos de nossos deméritos e pela qual alcançamos a vida eterna. Mas como há também alguns que, ao defenderem a graça de Deus, negam a liberdade ou que, ao defenderem a graça de Deus, julgam estar negando a liberdade.[125]

Ao que parece, Santo Agostinho entende que ambos os conceitos devem ser apreendidos de forma harmoniosa, pois, caso contrário, cai-se em um estado de negação da graça ou de negação da liberdade. O fato inegável é que o próprio *Deus nos revelou pelas suas santas Escrituras que o homem possui o dom da liberdade.*[126] No contexto dessa obra, a afirmação de que a liberdade é outorgada ao homem por Deus traz a ideia de que Agostinho estava referindo-se ao livre-arbítrio da vontade como sinônimo de liberdade. Por isso, aqui, ele estava demonstrando, por meio de várias passagens das Escrituras, que o livre-arbítrio da vontade é claramente perceptível, como ele mesmo admite ao dizer: *Ou seja, onde está escrito: 'Não queiras isto ou não queiras aquilo', e onde, para fazer ou não fazer algo, os divinos conselhos exigem a ação da vontade, percebe-se com*

---

125 SANTO AGOSTINHO, *A Graça e a Liberdade*, I, 1, p. 23.
126 Ibid., II, 2, p. 24.

clareza a exigência do livre-arbítrio.[127] Portanto, livre-arbítrio e liberdade, nessa obra, são tratadas como sinônimos, principalmente ao defender sua tese de que a liberdade não pode ser suprimida pela graça divina, justamente pelo fato dela ser dada por Deus para que os indivíduos, por meio dela, pudessem escolher e serem julgados por suas escolhas.

O ponto das dúvidas levantadas no mosteiro era a questão do papel que a graça e a liberdade desempenhariam na vida dos indivíduos. Para os pelagianos, a graça era apenas um estímulo externo que desempenharia um papel auxiliar, mas não necessário nas escolhas dos indivíduos; já que, segundo eles, a natureza não foi atingida pelo pecado do primeiro homem. Essa postura havia influenciado, por causa dos textos de Pelágio, alguns monges do mosteiro de Hadrumeto, levando-os à divisão. Todavia, a posição agostiniana caminhava por outra via, pois entendia que *aqueles a quem não é concedido, ou não querem, ou não chegam a realizar o que querem. Mas aqueles a quem é concedido, querem a ponto de realizar o que querem.*[128] Ou seja, o que os monges do mosteiro deveriam entender sobre a relação entre graça e liberdade era que *a diferença entre o homem que tem a graça e aquele que não tem está na posse ou não posse de seu livre-arbítrio, mas em sua eficiência.*[129] O que Santo Agostinho está chamando atenção é para o fato de

---

127 Ibid., II, 4, p. 27.
128 SANTO AGOSTINHO, *A Graça e a Liberdade*, IV, 7, p. 31.
129 GILSON, 2010, p. 303.

que, sem o auxílio da graça de Deus, o livre-arbítrio não é eficiente na realização do bem. O livre-arbítrio não é anulado pela graça, mas, sem ela, ele encontra-se incapaz de realizar o que o querer aspira. E essa postura agostiniana é oriunda do entendimento de que sem o auxílio necessário da graça na natureza do homem, não há como o livre-arbítrio agir livre e eficientemente, em outras palavras, *a vitória obtida sobre o pecado é também dom de Deus, o qual, neste combate, vem em auxílio da liberdade.*[130] Não há supressão da liberdade pela graça, ensina Agostinho aos monges de Hadrumeto, pelo contrário, há na verdade uma libertação do arbítrio para torná-lo verdadeiramente livre e capaz de agir segundo o bem.

Outra questão de discórdia entre os monges foi a contestação dos méritos na obtenção da graça. No entendimento dos pelagianos que influenciaram algumas mentes no mosteiro, a graça era concedida mediante os méritos de cada indivíduo, não segundo a vontade divina. Dessa feita, além de negar a necessidade inerente da graça, ainda a interpreta como sendo concedida não a partir da vontade soberana de Deus, mas sim como um mérito concedido por Deus aos homens. Santo Agostinho acusa Pelágio de dissimulação nesse ponto, pois ao ser questionado sobre sua posição pelos bispos de Jerusalém, ele negou sua postura. É dessa forma que Agostinho expõe o caso aos monges, quando diz: *Negou-o, no entanto, fingidamente, como o demonstraram livros seus posteriores, nos quais defende*

---

130 SANTO AGOSTINHO, *A Graça e a Liberdade*, IV, 8, p. 33.

nada mais e nada menos que Deus nos concede sua graça considerando nossos méritos. [131] Sobre essa postura, o bispo de Hipona demonstrará aos monges de Hadrumeto que, se o argumento de Pelágio sobre a graça for levado às últimas consequências, a graça deixará de ser graça, ou seja, um dom dado por Deus conforme sua soberana vontade, e passará a ser apenas um pagamento pelas ações realizadas. Tal postura nega veementemente o sacrifício de Cristo. Era para essas consequências que eles deveriam atentar ao assumir a postura pelagiana.

Santo Agostinho chama a atenção ainda para o papel completo da graça, quando escreve: *Pode-se concluir que não somente o ímpio se justifica pela graça, ou seja, de ímpio se torne justo, quando recebe o bem pelo mal, mas também, quando já justificado pela fé, a graça deve acompanhá-lo e nela se apoie para não cair.*[132] Do ponto de vista agostiniano, a graça exerce nos indivíduos um papel completo, tanto na justificação deles diante de Deus, quanto na manutenção dos justificados na vontade de Deus. Contrariamente a essa postura, os pelagianos *ensinam que somente esta graça que perdoa não é concedida de acordo com nossos merecimentos, mas a que será outorgada no fim, ou seja, a vida eterna, será concedida por força de nossos méritos anteriores.*[133] A postura pelagiana confere à natureza humana tanto a potencialidade de resistir aos pecados quanto, de pela

---

131 Ibid., v, 10, p. 34.
132 SANTO AGOSTINHO, *A Graça e a Liberdade*, VI, 13, p. 37.
133 Ibid., VI, 15, p. 38.

sua própria força, ser merecedor da vida eterna. Agostinho responderá a postura pelagiana utilizando-se dos argumentos paulinos ao declarar: *Pelo fato de dizer que é Deus quem opera em vós o querer e o operar, segundo sua vontade, não se há de concluir pela exclusão do livre-arbítrio. Se assim fosse, não teria dito acima* (o apóstolo Paulo): *Operai a vossa salvação com temor e tremor (Filipenses 2. 12).*[134] Eis aí a postura de Agostinho, amparada pelas Escrituras e agora apresentada aos monges de Hadrumeto. Não há antagonismo entre graça e liberdade, mas o que há, de fato, é uma complementariedade, pois somente a graça liberta o arbítrio do pecado para querer e agir. Pois somente a graça pode libertar o homem e, como exemplo, Agostinho diz: *Os judeus viviam sob a Lei e não sob a graça, e por isso eram dominados pelo pecado, do qual a Lei não liberta, mas sim a graça.*[135] A graça vem para libertar o homem do pecado, e não anular sua liberdade por meio da graça.

Na sequência de sua resposta às dúvidas dos monges, Agostinho enfatiza que, contrariamente ao que ele pensava, a postura pelagiana entendia que *a graça é a natureza na qual fomos criados*[136], ou seja, a graça não era um presente necessário e imerecido da parte de Deus, mas sim uma condição da própria natureza do indivíduo. Entretanto, observa Agostinho, os pelagianos não perceberam com essa postura de exaltação da natureza do indivíduo que é

---

134 Ibid., IX, 21, p. 45.
135 Ibid., XII, 24, p. 49.
136 Ibid., XIII, 25, p. 50.

ela (a graça) *que leva ao cumprimento da lei, à libertação da natureza e ao domínio do pecado.*[137] É a graça e não a natureza humana que pode libertar o homem para agir. Não há antagonismo, supressão ou até mesmo oposição entre a graça e a liberdade. Na verdade, há entre esses conceitos complementariedade e harmonia, se forem entendidos a partir de uma ótica escriturística. Pois não está na natureza o poder da vontade, todavia, dirá o bispo africano é preciso recorrer a Deus para termos a vontade necessária e assim, querendo, possamos cumpri-los.[138] É preciso entender que sem Deus não é possível agir livremente segundo o bem, *portanto, para querermos, ele age em nós; quando queremos, com vontade decidida, coopera conosco. Porém, quando não age para querermos ou não coopera quando queremos, somos incapazes de praticar as obras de piedade.*[139] A ênfase agostiniana está no papel necessário desempenhado pela graça em nossa vontade, que leva o indivíduo a querer e poder agir segundo a piedade, segundo o bem.

Dessa forma, entende Agostinho, que até mesmo o amor que se devota a Deus ou ao próximo tem origem em Deus e não na vontade humana. Ele afirma: *Portanto, não vem de nós* (o amor a Deus), *mas de Deus. E qual a razão para dizer: amemo-nos uns aos outros, pois o amor vem de Deus? Sem dúvida, para advertir à liberdade que se apoie no dom de Deus.*[140] A perspectiva agostiniana aponta para

---

137 SANTO AGOSTINHO, *A Graça e a Liberdade*, XIV, 27, p. 51.
138 Ibid., XVI, 32, p. 57.
139 Ibid., XVII, 33, p. 59.
140 Ibid., XVIII, 37, p. 63.

o fato de que a graça torna eficiente a vontade, para que esta possa escolher o bem. Todavia, sem o auxílio divino, a vontade não tem poder de agir, nem mesmo deseja agir. Essa postura agostiniana está ancorada na revelação escriturística. Ele assim declara: *O esmerado estudo da Escritura mostra que Deus não somente dirige para as boas ações e para a vida as boas vontades dos homens, que ele torna boas, embora sejam más, como também mantém sob o seu poder todas as vontades em geral.*[141] Ora, é assim que Deus age nos homens, *sempre conforme seus desígnios, umas vezes evidentes, outras, ocultos, mas sempre justos.*[142] A vontade necessita da graça para agir, por isso, Deus age constantemente na vontade dos homens a fim de que eles possam agir segundo o bem.

Liberdade e graça são inseparáveis por um elo que ultrapassa toda e qualquer compreensão humana, mas que está fundada no caráter de um Deus sempre justo e sumamente bom. A graça vem em auxílio da nossa liberdade, perdida desde a queda de Adão, pois se dependêssemos unicamente de nossa vontade não chegaríamos à conclusão de que *a maldade deles* (dos homens maus) *não é obra de Deus, mas procede originalmente de Adão ou aumentou pela própria vontade.*[143] Ou seja, a graça não pode ser algo presente na natureza humana ou ainda sendo concedida por causa dos méritos, como afirmavam as teses

---

141 Ibid., XX, 41, p. 67.
142 Ibid., XXI, 43, p. 72.
143 SANTO AGOSTINHO, *A Graça e a Liberdade*, XXI, 43, p. 73.

pelagianas, por isso, *a graça não é outorgada de acordo com os merecimentos humanos, pois, em caso contrário, a graça não é mais graça (Romanos 11. 6); chama-se graça, porque é dada de graça*, dirá Agostinho. E, nesse sentido, a graça vem para libertar a vontade do pecado para que esta possa querer e agir retamente. A graça não suprime a liberdade, ela na verdade liberta a vontade para fazer o bem. Essa foi a mensagem de resposta às dúvidas do mosteiro de Hadrumeto. Não há separação entre graça e liberdade, mas há harmonia e complementariedade, assim pensava Santo Agostinho.

1.7 A Liberdade na Obra A Correção e a Graça.

O motivo que levou Santo Agostinho a redigir essa obra ainda foram as questões levantadas sobre a relação entre a graça e a liberdade. Os cônegos de Hadrumeto, após a leitura da obra agostiniana *A Graça e a Liberdade*, tiveram parte de suas dúvidas sanadas, mas outras novas surgiram e a divisão ainda persistia no mosteiro. Dessa feita, o abade Valentim envia, com Floro, notícias a Agostinho sobre as dúvidas e divisões que ainda persistiam. Então, em 427, Santo Agostinho redige a presente obra para sanar as dúvidas dos cônegos, agora sob um novo aspecto da relação entre graça e liberdade, o aspecto da necessidade de correção por parte dos superiores. Pois, alguns monges, haviam entendido que se Deus opera o querer e o realizar, como defendido por Agostinho, então, não haveria necessidade de correção. Santo Agostinho se oporá a essa espécie de fatalismo apontando, agora, para a relação inseparável e necessária da graça com a correção. Ou seja, a graça necessária não exclui a correção moral, antes a recomenda.

Tendo como pano de fundo a questão da graça como necessária à liberdade, Santo Agostinho reafirma, de início, como fez em toda a sua obra antecedente *A Graça e a Liberdade*, a necessidade da graça para que seja possível agir com vistas a algum bem. Ele assim declara: *Portanto, quem de modo conveniente se serve da lei, chega ao conhecimento do mal e do bem e, não confiando na sua força, refugia-se na graça, cujo auxílio lhe dá forças para se afastar do mal e fazer o bem.*[144] Nesses termos, o bispo africano abre essa obra. Ele afirma a utilidade da lei no exercício de identificar a ação má ou a ação boa para então o indivíduo buscar na graça, e não em sua própria natureza ou vontade, a força para agir segundo o bem. Ou seja, a graça tem um papel fundamental para que o indivíduo possa agir corretamente. Pois, na concepção agostiniana:

> Somente ela pode libertar o homem do mal, e sem ela não pode fazer bem algum, seja em pensamento ou desejo ou amor, seja por obra. Com ela, não somente é capaz de saber o que há de fazer, mas também, com sua ajuda, pode fazer com amor aquilo de que tem conhecimento.[145]

---

144 SANTO AGOSTINHO, *A Correção e a Graça*, I, 2, p. 85.
145 SANTO AGOSTINHO, *A Correção e a Graça*, II, 3, p. 85 e 86.

A ênfase dada por Agostinho está na insuficiência da vontade humana. Segundo ele, a queda do primeiro homem, Adão, alterou-a drasticamente em seu querer e em sua força de agir para o bem, pois *pela vontade má do primeiro homem, a natureza humana encontra-se mudada.*[146] Essa mudança produzida na natureza humana oriunda do primeiro pecado do homem alterou a natureza a tal ponto que o bem que ele deseja realizar e sabe que é o certo a se fazer, está incapacitado de fazê-lo por causa de sua condição atual. Daí a ênfase e importância fundamental da graça na libertação da natureza humana. Essa libertação produzida pela graça cura a vontade para querer realizar o bem e ainda a capacita para fazer o bem que a vontade, agora livre, sabe que deve fazer. Essa perspectiva não deveria estar ausente nas reflexões feitas pelos monges de Hadrumeto. E, a negação desses pressupostos, levaria qualquer um a cair em uma exaltação exacerbada da natureza humana, como fazia Pelágio e seus discípulos.

Após a pavimentação do fundamento da graça, Santo Agostinho ataca a questão fundamental que o levou a redigir essa obra, ou seja, a questão do papel da correção. Dessa forma, ela afirma: *É culpa tua o seres mau, e maior culpa não desejares ser corrigido*[147]. Partindo dessa ideia, ele mostra a responsabilidade dos indivíduos diante de suas ações reprováveis e más, bem como saliente a maldade que há na rejeição da correção. A correção não é um mal, nem muito

---

146 GILSON, 2010, p. 287.
147 SANTO AGOSTINHO, *A Correção e a Graça*, v, 7, p. 89.

menos desnecessária, como ele irá declarar posteriormente. Mas negar a necessidade da correção constitui-se também um mal. Pois retira-se a possibilidade de reconhecimento do próprio erro, da correção da ação e de mudança de atitude. Se isso é verdade, e para Agostinho é, então, questionar a necessidade de correção pelos superiores, além de rebeldia contra as autoridades é uma rebeldia direta contra o próprio Deus. *Pois a obediência é um dom de Deus, como consequência da vivência da caridade, que, sem dúvida, procede de Deus (1 João 4. 7), o qual a concede a seus filhos.*[148] Nessa citação, tem-se vários elementos importantes. Primeiro, Agostinho afirma que a obediência é um dom de Deus, ou seja, é mais uma graça concedida e não uma ação que engendra méritos. Dessa forma, aqueles que estavam encontrando razões na graça para as suas insubordinações são confrontados diretamente, pois a obediência é uma graça concedida aos eleitos de Deus. Em segundo lugar, ele demonstra que a obediência também é uma ação que deveria proceder daqueles que vivem em amor. Segue-se, portanto, que aqueles que não estavam obedecendo aos seus superiores estavam incorrendo em falta de amor para com os seus irmãos. Por último, a obediência que procede de Deus e é fruto do amor mútuo é também concedida por Deus apenas aos seus filhos. Aqui, temos a ideia de que aqueles que estavam desobedecendo o faziam porque, na verdade, não estavam entre aqueles que pertenciam a Deus. A predestinação ou eleição começa a ser delineada nessa obra. Posteriormente, esse conceito será desenvolvido nas obras seguintes.

148 Ibid., VI, 9, p. 91.

Agostinho continua em sua defesa da correção ao trazer, agora, a percepção da unidade da humanidade no pecado como fundamento para a necessidade da correção. Ele assim expõe sua posição:

> Por isso, a primeira perversidade, ou seja, a desobediência a Deus, procede do homem, porque tornou-se perverso, desviando-se da retidão, pelo mau uso da liberdade, em que foi criado por Deus. E não se há de corrigir no homem esta perversidade pelo fato de não ter sido própria do que é corrigido, mas comum a todos? Pelo contrário, deve-se corrigir em cada um o que é comum a todos.[149]

O ponto defendido por Santo Agostinho nessa citação é que, mesmo que não se tenha cometido o primeiro pecado, mas apenas o recebido pela descendência de Adão, esse fato não torna isentos de correção os que estavam achando justificação para suas desobediências. Muito pelo contrário, se o erro do primeiro homem deve ser corrigido por causa das consequências que ele legou aos seus descendentes, da mesma forma os demais pecados devem necessariamente ser corrigidos devido a serem comuns a todos os indivíduos. Pois o que não se pode esquecer é o fato da correção ou repreensão ser uma obra, uma graça da parte de Deus a seus filhos, não importando como ela é feita. Assim, Agostinho põe a questão: *Mas, para ser proveitosa, a repreensão que parte do homem, feita ou não com amor, é*

---

[149] SANTO AGOSTINHO, *A Correção e a Graça*, VI, 9, p. 92.

sempre obra de Deus.[150] Em resumo, toda repreensão vem da parte de Deus, sendo ela necessária e uma marca daqueles que são filhos de Deus.

Na sequência, Santo Agostinho desenvolverá a ideia de que a perseverança, a predestinação e a eleição não excluem a necessidade de correção. Dessa forma, ao tratar da perseverança, assim como a correção, ele reconhece que esta é um dom de Deus ao dizer: *Nós também não negamos que a perseverança final no bem seja um excelente dom de Deus.*[151] Sua intenção é demonstrar aos cônegos de Hadrumeto que até mesmo o ato deles conseguirem se manter fiéis na fé e nas boas obras constitui-se um ato da graça de Deus que os torna capazes de perseverar no que Deus os designou. E isso ocorre justamente porque eles foram chamados e eleitos por Deus. Não que houvesse neles uma capacidade natural que os fizessem perseverar, *mas porque foram chamados intencionalmente, foram também escolhidos por uma eleição da graça, e não por merecimentos seus anteriores, pois todo seu mérito é para eles graça.*[152] O que Agostinho está demonstrando, aqui, é que a perseverança é um fruto da eleição divina não fundada a partir das ações meritórias, mas sim o fruto da graça divina. Diante disso, mesmo no caso daqueles que não perseveram na fé e nas boas obras, ou ainda não praticam as boas obras segundo o bem, é possível afirmar que *Deus não concedeu a perse-*

---

150 Ibid., Id.
151 SANTO AGOSTINHO, *A Correção e a Graça*, VI, 10, p. 93.
152 Ibid., VII, 13, p. 98.

verança a seus filhos não predestinados; tê-la-iam se fossem enumerados entre os filhos.¹⁵³ Ou seja, a perseverança constitui-se uma graça concedida aos eleitos ou predestinados, não segundo os méritos próprios, mas segundo a graça divina.

Agostinho enquadra seus ouvintes de forma final quando declara: *Pois se foi chamado segundo o seu desígnio, a correção será um sinal de que Deus coopera para seu bem.*¹⁵⁴ Dessa forma, a correção, além de fazer parte da graça de Deus, é uma marca dos filhos de Deus. A aceitação da correção torna-se um sinal claro e distintivo da cooperação de Deus na vida dos indivíduos que foram eleitos e que perseveram na prática do bem de acordo com o querer divino. Assim sendo, *a graça de Deus, que nos é concedida para bem agir e perseverar no bom caminho, impulsiona-nos não somente a poder o que queremos, mas também a querer o que podemos.*¹⁵⁵ A adesão da correção, ensina Santo Agostinho aos monges duvidosos de Hadrumeto, é uma graça divinal, uma marca da eleição e predestinação, além de uma impulsionadora da vontade. Pois, sem a correção, a vontade não poderia agir e, mesmo que desejasse agir segundo o bem, não teria a faculdade de fazê-lo. E, com o auxílio da graça divina presente na correção, a vontade torna-se capaz de, não somente querer, mas também de poder realizar aquilo que Deus exige dos seus Filhos. Pois, *Deus*

---

153 Ibid., IX, 21, p. 106.
154 Ibid., IX, 25, p. 111.
155 Ibid., XI, 32, p. 118.

justificou estes eleitos para que praticassem boas obras.[156] Por isso, é inconcebível que a correção fosse rejeitada pelos monges sendo ela uma graça divina.

A correção é, pois, um socorro divino, e é tal o socorro oferecido à fraqueza da vontade humana que, pela graça divina, poderia agir firme e invencivelmente, e, embora frágil, não desfaleceria nem seria superado por nenhuma adversidade.[157] A Graça expressa na correção é um poder que capacita o homem a bem agir, a perseverar e a poder agir. Trata-se de uma ação completa na natureza frágil, caída e débil da humanidade. Assim sendo, ressalta Agostinho: *Os homens devem admitir a necessidade da correção quando pecam.*[158] Dessa forma, a afirmação dos monges de que a correção vinda dos superiores é desnecessária, acaba caindo por terra diante das afirmações agostinianas. Trata-se, portanto, de uma necessidade terapêutica para os eleitos. Dirá ainda que: *A correção feita ao participante do número dos predestinados sirva-lhe de salutar remédio, e tenha caráter penal ao que dele está excluído.*[159] Em outras palavras, a correção é de importância extrema para os eleitos, todavia, para aqueles que não são filhos e por isso mesmo não aceitaram a correção, trata-se de uma identificação da exclusão do número dos eleitos, nesse sentido, *se é filho da paz aquele que corrigimos, nossa paz repousará sobre ele; em*

---

156 SANTO AGOSTINHO, *A Correção e a Graça*, XII, 36, p. 122.
157 Ibid., XII, 38, p. 125.
158 Ibid., XIV, 43, p. 130.
159 Ibid., Id.

caso contrário, voltará a nós.[160] É uma marca de pertencimento e identidade a aceitação da correção.

Dessa forma, Agostinho concluirá sua obra reafirmando o papel da graça atuando por meio da correção. Não há uma divisão entre graça e correção, da mesma forma como não havia separação entre graça e liberdade. Os conceitos são complementares e harmônicos entre si. Por isso, ele dirá: *Sendo assim, a graça não exclui a correção, e a correção não nega a graça.*[161] À vista disso, a correção é uma graça necessária, um remédio eficaz para curar nossa natureza, não podendo ser deixada de lado.

Todavia, onde encontra-se a liberdade nessa obra e nesse contexto? Nessa obra, o conceito de liberdade aparece na dimensão da própria correção. A correção é um ato gracioso da parte de Deus aos seus filhos, como salientou Santo Agostinho durante toda sua exposição. Pois aqueles que receberam a graça da correção, a receberam, pelo fato de serem predestinados ou eleitos como filhos de Deus. Caso contrário, não haveriam de receber tal benefício gracioso da parte de Deus, se de antemão não fossem predestinados como filhos. Portanto, sem a libertação do pecado, que torna os indivíduos filhos de Deus mediante a graça concedida aos predestinados, não haveria liberdade de aceitar a correção como filhos, haveria apenas rebeldia e negação da necessidade de correção. Sem a graça, não há liberdade, e sem liberdade não pode haver sujeição à

---

160 Ibid., xv, 47, p. 135.
161 Ibid., xvi, 49, p. 137.

correção. Por isso, a argumentação agostiniana segue essa perspectiva quando diz:

> Consequentemente, devemos confessar que temos liberdade para fazer o mal e o bem; mas para fazer o mal, é mister libertar-se da justiça e servir ao pecado, ao passo que na prática do bem, ninguém é livre, se não é libertado por aquele que disse: Se, pois, o Filho vos libertar, sereis, realmente, livres (João 8. 36).[162]

Sem a libertação do pecado, não há liberdade para agir segundo o bem. Dessa forma, Agostinho reafirma, linha após linha, página após página, a necessidade da graça atuante em toda a natureza caída, libertando-a para que tenha a faculdade de agir livremente na execução do bem, que depois de liberto, pode querer o que deve fazer. Portanto, não há discrepância entre graça e liberdade ou graça e correção. É dessa forma que o bispo de Hipona se expressa quando declara: *Eis como a liberdade se harmoniza com a graça de Deus e não a contraria. A vontade humana não obtém a graça pela liberdade, mas liberdade pela graça, e uma perenidade deleitável e fortaleza insuperável em ordem à perseverança.*[163] Era isso que os cônegos de Hadrumeto deveriam entender. A correção dos superiores é uma graça divina reservada aos eleitos para que estes possam agir em conformidade com a justiça e de acordo com o bem. Ela não pode ser negada, mas sim reafirmada a partir de nossa necessidade natural.

162 SANTO AGOSTINHO, *A Correção e a Graça*, I, 2, p. 85.
163 Ibid., VIII, 17, p. 102.

1.8 A Liberdade na Obra A Predestinação dos Santos.

Escrita por volta do ano 429, essa obra foi uma das últimas escrita por Santo Agostinho. Trata-se de uma defesa da relação entre a graça e a predestinação contra as doutrinas do Semipelagianismo[164]. Em linhas gerais, pode-se dizer que o Semipelagianismo tinha como ideias principais a afirmação de que o início da fé estava sob o poder do homem e que os dons são consequência dos méritos de cada indivíduo. Todavia, vale a pena ressaltar que o Semipelagianismo, enquanto doutrina estabelecida, só surgiu por volta de século XVI.[165] No contexto da presente obra, as mesmas ideias estavam em suas origens, por isso, a associação. Vale ressaltar ainda que *a denominada 'revolta dos mosteiros' teve origem, na verdade, em 427, na África romana, contra as obras de Agostinho 'A Graça e a Liberdade' e 'Correção e a Graça' e como resposta às críticas de sua Carta 194.*[166] Os monges de Hadrumeto tiveram dúvidas sobre a relação entre a graça e a liberdade, e a graça e a correção,

---

[164] Em linhas gerais, o Semipelagianismo *é um sistema doutrinário que buscou encontrar uma via média entre o rígido monergismo agostiniano e os excessos da doutrina de Pelágio.* Em TITILLO, Thiago Velozo. *A Gênese da Predestinação na História da Teologia Cristã: Uma Análise do Pensamento Agostiniano Sobre o Pecado e a Graça.* São Paulo: Fonte Editorial, 2013, p. 83. Pode-se dizer que a grande diferença entre o pensamento de Agostinho e o Semipelagianismo reside na questão da origem da fé. Contudo, entre o Semipelagianismo e o Pelagianismo, a diferença é abissal, pois este último nega o pecado original, a moral natural no cristão e os dons como capacidades naturais que garantiam o bem agir sem auxílio da graça - FERGUSON, 2009, p. 783.

[165] FERGUSON, 2009, p. 914.

[166] Ibid., Id.

bem como agora entre a graça e a predestinação. A fim de responder às dúvidas suscitadas a partir de suas obras, o velho Santo Agostinho redige essa obra e ainda outra, a fim de esclarecer aos cônegos as dúvidas que pairavam sobre suas mentes e corações. Um outro detalhe que chama atenção nessa obra é o fato de Agostinho reconhecer que estava errado quando também acreditava que o início da fé pertencia ao indivíduo, mas que corrigido pelas Escrituras (o apóstolo Paulo), agora retorna e apresenta a posição correta.

Em resposta a dois amigos muito chegados a quem ele chama de *filhos queridos*, Santo Agostinho responde, logo no início de seu texto, da seguinte forma: *Embora confesse que me causa desagrado a falta de fé nas palavras divinas, tão numerosas e tão claras, que proclamam a graça de Deus – a qual não é graça, se nos é outorgada de acordo com nossos merecimentos...*[167] Nessas palavras, temos a percepção do cansaço provocado por anos e anos de embates, discussões e escritos em várias frentes e com diversos opositores, muitas vezes respondendo-os ao mesmo tempo. Agostinho já não era o mesmo jovem vigoroso. Agora, é um senhor cansado de explicar o mesmo tema. Por isso, coloca como fator de insatisfação o fato de que a negação da graça, feita por alguns, na verdade soa como insatisfação contra as palavras divinas presentes nas Escrituras que, do início ao fim, atestam claramente a graça não fundada nos merecimentos, mas sim na bondade divina. Esse é o

---

167 SANTO AGOSTINHO, *A Predestinação Dos Santos*, I, 1, p. 149.

tom durante toda essa obra. Nela, Agostinho utiliza uma argumentação que tem fundamento paulino e das consequências lógicas que se seguem à adesão deles, apelando a seus ouvintes que se submetam, por uma questão de rendição às palavras divinas e também de submissão à razão.

Agostinho crê que, em relação à predestinação, eles deveriam perseverar em crer no que é correto, e se ainda não entendiam plenamente o assunto, Deus haveria de lhes revelar. É nesses termos que ele apresenta seu ponto: *Com efeito, ainda caminham às cegas na questão sobre a predestinação dos santos, mas se a este respeito pensam de outro modo, têm tudo para poder alcançar que Deus lhes revele a verdade, ou seja, se perseverarem no caminho ao qual chegaram.*[168] Na perspectiva agostiniana, é uma questão de tempo e perseverança o entendimento da predestinação pelos que haviam já entendido a graça. Ao referir-se ao tempo, dá-se a entender que é necessária certa maturidade para adentrar no entendimento da predestinação. Talvez, por isso, o próprio Agostinho tenha tratado diretamente desse tema somente agora em sua velhice, mesmo estando presente em toda a sua obra de forma velada, já que é um tema presente no Antigo Testamento sob o conceito de eleição e no Novo Testamento aparece com essa designação. Então, quando é necessário tratar da predestinação ligada à questão da graça, ele se dispõe a fazê-lo. E, assim como é uma questão de tempo, a predestinação também é uma questão de perseverança, ou

---

168 SANTO AGOSTINHO, *A Predestinação Dos Santos*, I, 2, p.150.

seja, uma questão de labor constante da razão na análise e estudo da revelação sobre o tema.

Depois de colocar a questão sobre esses termos, Santo Agostinho irá retomar a questão inicial sobre o início da fé. Pelágio, diante de um concílio que houve na Palestina, afirmou que a graça era concedida pelos méritos, incluindo a própria fé, mas Agostinho, contrariamente à posição pelagiana, dirá: *Assim, primeiramente oferecemos a Deus o começo de nossa fé para receber o acréscimo e qualquer outra coisa que lhe peçamos em nossa fé.*[169] Mas, por qual razão Agostinho está atribuindo a Deus o início da fé que se deposita Nele mesmo? A resposta agostiniana é uma consequência lógica da admissão dessa premissa inicial, ou seja, o início da fé pertence a Deus. A preocupação que pairava sobre a mente dele era a consequência lógica da admissão da ideia oposta à sua, isto é, a fé iniciando-se no indivíduo. Dessa forma, ele passa a indagar: *e quem dirá que aquele que já começou a crer não tem merecimento junto àquele no qual crê?* Então, ele conclui: *Daí se concluiria o poder dizer-se que as demais graças seriam acrescidas como retribuição divina aos que já têm merecimento...*[170] O problema na admissão de que o início da fé pertence ao indivíduo é o entendimento de que as demais graças seriam apenas consequências meritórias da primeira. Retirando, assim, o aspecto gratuito dos dons de Deus e de sua necessidade para a natureza humana e atribuindo ao homem e à sua

---

169 Ibid., II, 3, p. 151.
170 Ibid., II, 4, p. 151.

natureza o que, na concepção agostiniana, só poderia ter origem em Deus. A partir desse entendimento, Agostinho apelará para as Escrituras como justificativa de sua postura ao dizer:

> Consequentemente, quem pretender evitar esta sentença condenável, entenda a verdade contida nas palavras do Apóstolo, que diz: Pois vos foi concedido, em relação a Cristo, a graça de não só crerdes nele, mas também de por ele sofrerdes (Filipenses 1. 29). O texto revela que ambas as coisas são dom de Deus, porque disse que ambas as coisas são concedidas.[171]

A postura do bispo de Hipona é a de resguardar nas mãos divinas a origem de todas as graças necessárias à restauração da natureza humana. E, nesse intento, não pode haver meio termo. Ou seja, o ato de vir a crer em Deus não está no poder da natureza, *mas nossa capacidade, mesmo para o início da fé, vem de Deus.*[172] Seguindo seu raciocínio, ele dirá, ainda: *Tende em conta que se o processo é diferente e assim a graça de Deus nos seja concedida em vista de nossos méritos, esta graça não é mais graça.*[173] A graça da fé está resguardada na concessão graciosa da parte de Deus e não em uma iniciativa do homem. O próprio Agostinho reconhece que havia caído nesse erro[174], mas *eis a razão pela qual disse acima que me havia convencido desta ques-*

---

171 SANTO AGOSTINHO, *A Predestinação Dos Santos*, II, 4, p. 152.
172 Ibid., II, 5, p. 153.
173 Ibid., II, 6, p. 154.
174 Ibid., III, 7, p. 155.

tão principalmente por este testemunho apostólico, quando sobre ela pensava de modo diferente.[175] A correção do entendimento de Agostinho veio por meio das Escrituras que atestam a fé como um dom de Deus e não oriunda dos méritos individuais.

Na sequência de sua explicação, Santo Agostinho reconhece a possibilidade natural de se crer, embora o ato em si seja obra da graça e, nesse sentido, introduz a noção de eleição e predestinação ao afirmar que *a natureza, que nos dá a possibilidade de ter fé, não distingue um ser humano do outro, mas a fé distingue um crente do não crente.*[176] Diante dessa perspectiva, a fé que os homens recebem os distinguem uns dos outros. Em certo sentido, o crer está no poder do livre-arbítrio, todavia, *a vontade nos eleitos é preparada pelo Senhor.*[177] Tem-se, aqui, a ideia de que o início da fé está resguardado em Deus, que não somente concede graciosamente a fé, mas também prepara aqueles que vão recebê-la. Entretanto, uma questão aparece no horizonte, a saber: sobre qual fundamento Deus concede fé e eleição a uns e a outros não? A reposta agostiniana vem a partir do mesmo fundamento, a saber: *Pois esta eleição é obra da graça, não dos méritos.*[178] O fato de Deus eleger os que viriam a crer, não está fundado nos méritos destes, mas unicamente em sua graça. Por isso, conclui Agostinho: *Portanto, ser atraído pelo Pai a Cristo e ouvir o Pai e dele*

---

175 Ibid., IV, 8, p. 159.
176 Ibid., V, 10, p. 163.
177 Ibid., Id.
178 Ibid., VI, 11, p. 164.

aprender para vir a Cristo, é o mesmo que receber do Pai o dom para crer em Cristo.[179] O argumento agostiniano é simples, é obra da graça o início da fé, o crer e o vir a Cristo. Naturalmente, o homem não teria condições de crer e vir a Cristo. E, além disso, Agostinho argumenta no mesmo parágrafo, que *mesmo que ninguém alcançasse a libertação,*[180] Deus continuaria a ser justo, porque todos estão debaixo do pecado de Adão e, por isso, não creriam e não viriam a ele por causa de sua condição natural. Daí a justificativa da necessidade da predestinação ou eleição.

A predestinação é um conceito desenvolvido na maturidade de Santo Agostinho, mas que toma um papel preponderante em seus escritos. Esse papel de proeminência é devido ao fato desse conceito aglutinar em si mesmo vários conceitos essenciais à fé cristã, desenvolvidos pelo próprio Agostinho. A importância do conceito da predestinação é tal que ele forma um sistema organizado e estruturado a fim de explicar o caminho de retorno do homem a Deus. É nesse sentido que se vê o conceito surgir no horizonte agostiniano, pois trata-se de um conceito que nasce no âmbito religioso[181], mas que *era uma doutrina da sobrevivência, uma insistência feroz em que só Deus podia conferir aos homens um núcleo íntimo irredutível.*[182] Ou seja, ela confere aos homens um confiança inabalável de sua salvação, garantida pela eficiência da graça divina.

179 SANTO AGOSTINHO, *A Predestinação Dos Santos*, VIII, 15, p. 170.
180 Ibid., Id.
181 MAGRIS, 2014, p. 441.
182 BROWN, 2011, p. 506.

Após construir e defender a ideia de que a fé tem início não no indivíduo, mas na graça de Deus, Santo Agostinho passa a explicar o motivo pelo qual alguns recebem a fé e outros não. Em outras palavras, Ele se pergunta: por qual motivo alguns foram considerados dignos de receber a fé para a salvação e outros não? Ele reconhece que *se se discute e investiga a razão pela qual alguém é digno, não faltam os que dizem que é pela vontade humana. Nós, porém, dizemos que é pela graça ou predestinação divinas.*[183] É na esfera divina que se encontra a razão pela qual a fé é iniciada nos indivíduos e não nos méritos.

Sua explicação envolve a ideia da predestinação. Por isso, ele a define ao mesmo tempo que a diferencia da graça da seguinte forma: *Todavia, entre a graça e a predestinação há apenas esta diferença: a predestinação é a preparação para a graça, enquanto a graça é a doação efetiva da predestinação.*[184] Em sua resposta, Agostinho reafirma a ligação inseparável e harmônica da graça e da predestinação, como razão pela qual os indivíduos receberiam o início da fé. Assim sendo, a predestinação é a causa da graça, na mesma proporção que a graça concede o início da fé nos indivíduos predestinados. O raciocínio agostiniano segue uma sequência lógica precisa, a fim de que as doutrinas envolvidas nessa questão fossem apresentadas de modo compreensível, por mais que determinadas partes dessa doutrina sempre ficassem resguardadas nas razões divinas.

---

183 SANTO AGOSTINHO, *A Predestinação Dos Santos*, x, 19, p. 174.
184 Ibid., x, 19, p. 174.

Em contraste as suas ideias, os pelagianos afirmavam que os bens da salvação, inclui-se aí a fé, o batismo, a ceia etc., são concedidas por Deus aos indivíduos que Ele previu que mereceriam receber como pagamentos pelos seus méritos pessoais.[185] Ao que parece, na sequência de sua obra, Agostinho foi questionado a respeito da tradição desse conceito, ou seja, por que os antigos não trataram dessas questões do início da fé, da graça e da predestinação como ele estava fazendo agora? Sua resposta é direta: *Tê-lo-iam feito, se fossem obrigados a responder a tais dificuldades.*[186] Possivelmente, essa crítica de que os antigos não haviam tratado da graça e da predestinação deve-se ao fato de que foi o próprio Santo Agostinho quem trouxe a temática da graça e da predestinação aos palcos do cristianismo devido à redescoberta do Apóstolo Paulo[187] feita por ele. Os outros cristãos anteriores não estavam visando a graça, mas apenas um ideal moralizante de vida[188], devido ao contexto histórico no qual estavam inseridos. Coube, portanto, a Agostinho, a tarefa de não somente tratar desses temas, mas também de organizá-los de forma teológica e filosófica.

A ideia defendida aqui é a de que *Deus chama a muitos filhos seus como predestinados para torná-los membros do seu único Filho predestinado.*[189] Assim sendo, aqueles que receberam o chamado divino a vir a crer no Filho de

---

185 SANTO AGOSTINHO, *A Predestinação Dos Santos*, XIII, 25, p. 181.
186 Ibid., XIV, 27, p. 184 e 185.
187 MAGRIS, 2014, p. 517.
188 Ibid., Id.
189 SANTO AGOSTINHO, *A Predestinação Dos Santos*, XVI, 32, p. 190.

Deus foram chamados porque anteriormente foram predestinados. Até mesmo o próprio Cristo foi predestinado a cumprir a vontade divina. Dessa forma, *procuremos entender a vocação própria dos eleitos, os quais não são eleitos porque creram, mas são eleitos para que cheguem a crer.*[190] A eleição ou predestinação antecede a fé, sendo está uma consequência da própria eleição. Não há espaço para os méritos. A fé, por mais que seja uma possibilidade natural dada por Deus aos homens, só pode ser iniciada por Deus e não pelos indivíduos. Caso contrário, os méritos seriam tanto o princípio quanto o motivo da fé, assim como criam os pelagianos. Então, Agostinho concluirá: *Portanto, Deus nos escolheu em Cristo antes da fundação do mundo, predestinou-nos para sermos seus filhos adotivos, não porque seríamos santos e irrepreensíveis por nossos méritos, mas escolheu-nos e predestinou-nos para o sermos.*[191] Tudo tem princípio, desenvolvimento e completude em Deus, que predestinou conforme sua vontade: essa é a defesa agostiniana. E, dessa feita, fecha-se, aqui, o raciocínio agostiniano relativo ao início da fé e sua relação com a graça e a predestinação.

Mas onde se encontra espaço para a liberdade nessa obra? A liberdade encontra-se no fato de que *Deus atua como quer nos corações humanos ou ajudando ou julgando, com a finalidade de executar por meio deles o que em seu*

---

190 Ibid., XVII, 34, p. 194.
191 Ibid., XVIII, 37, p. 198.

poder e em sua sabedoria havia predestinado realizar.[192] Em outras palavras, Deus atua no coração do homem, libertando-o do pecado para que esse, livre de seu mal, cumpra plenamente o que Ele mesmo já havia predestinado para que os homens realizassem, essa é a resposta de Santo Agostinho. Ele ainda dirá que é Deus quem *inclina seus corações para que anuam à sua vontade,*[193] pois salienta que sem a atuação direta de Deus libertando os eleitos e inclinando-os a sua vontade, eles jamais poderiam, nem desejariam, realizar a vontade divina. Dessa forma, Agostinho mostra que em se tratando do início da fé para a salvação e para a ação segundo o bem, todas as atuações e inclinação tem origem em Deus, que ao libertar o homem, este agora tem o poder e a vontade de agir, porque goza de liberdade para fazê-lo.

1.9 A Liberdade na Obra O Dom da Perseverança.

Juntamente à obra *A Predestinação Dos Santos*, esta se constitui o último livro completo escrito por Santo Agostinho, dentro das obras fundamentais em que ele aborda a temática da graça e todos os conceitos implicados nela, como, por exemplo, a graça, a liberdade e a predestinação. Ela é praticamente uma continuação da sua precedente, sendo escrita a pedido dos amigos Próspero e Hilário por volta do ano 429. Em linhas gerais, esse livro mostrará o

---

192 SANTO AGOSTINHO, *A Predestinação Dos Santos*, XX, 41, p. 203.
193 Ibid., XX, 42, p. 203.

percurso da graça que se estende desde o início da fé até a perseverança final do cristão. O objetivo que Agostinho pretendeu demonstrar é que a perseverança na fé até o fim é também um dom de Deus, não sendo concedida segundo os méritos. A obra pode ser dividida em duas partes, a saber: na primeira, Agostinho afirma que a perseverança é uma obra da graça, e na segunda, ele corrige a ideia equivocada de que a doutrina da predestinação se constitui um obstáculo à correção e à exortação por meio da pregação da Escritura.

No início de seu texto, Agostinho enfatiza que já havia tratado do assunto em sua obra anterior (*A Predestinação Dos Santos*), em que ressaltou o princípio da fé. Todavia, agora, ele trará uma nova perspectiva quando diz: *Afirmamos então ser dom de Deus a perseverança com a qual se persevera no amor a Cristo até o fim.*[194] Em outras palavras, ele passará a demonstrar que a perseverança na fé cristã até o fim, da vida ou do retorno de Cristo, é também, assim como a graça, a predestinação, a liberdade etc., um dom de Deus. Seu ponto é: Tanto o início da fé quanto a perseverança nela são obras da graça divina. Além disso, ele lança luz para o fato desse dom ser unicamente percebido na vida de um indivíduo no final desta, quando declara: *Portanto, não se pode afirmar que alguém tenha recebido ou possuído o dom da perseverança, se não perseverou.*[195] Ninguém pode declarar que perseverou até o fim, se não

---

194 SANTO AGOSTINHO, *O Dom da Perseverança*, I, 1, p. 213.
195 Ibid., I, 1, p. 213.

está no fim. É uma questão lógica. Em outras palavras, a perseverança é uma linha de chegada, que só pode ser reconhecida no final.

Dando seguimento ao seu raciocínio, Santo Agostinho recorre a Cipriano (início do séc. III – 258), especialmente a obra intitulada *A Oração do Senhor*, para refutar os pontos de vista pelagianos, que levaram à situação que ele está tentando resolver e confirmar sua posição de que a perseverança é um dom de Deus. Dessa forma, ele cita Cipriano: *Portanto, quando santificados pelo batismo, dizemos: Santificado seja o teu nome, o grande doutor entendeu que pedimos a Deus a perseverança na santificação, ou seja, que perseveremos na santificação.*[196] Em outros termos Agostinho está recorrendo a Cipriano para mostrar que a santificação declarada na *Oração do Senhor* é também um fruto da graça divina, pois caso contrário, não haveria condições de se viver uma vida santa sem o auxílio rogado a Deus. Ora, e o que seria a santificação na vida senão um pedido de perseverança até o fim? Essa é a posição defendida por ele.

Ao continuar em sua argumentação a partir do texto de Cipriano, Agostinho salientará que se deve rogar a Deus, tomando como fundamento a terceira petição da *Oração do Senhor* para que a fé seja iniciada por Deus em outros, pois entende que:

---

196 Ibid., II, 4, p. 217.

Esta interpretação revela que o início da fé é também dom de Deus, visto que a santa Igreja ora não somente pelos fiéis implorando o crescimento e a perseverança na fé, mas também pelos infiéis suplicando o começo da fé, a qual não têm e contra a qual mantêm predispostos os seus corações.[197]

Além de ressaltar a necessidade de Deus auxiliar os homens a que perseverem na fé até o fim, Agostinho mostra que é prática da Igreja rogar a Deus a fim de que Ele também faça brotar no coração dos infiéis o início da fé. E, depois de iniciada a fé, ele continua a partir do texto de Cipriano sobre a petição de livramento do mal em Mateus 9. 13: *Portanto, se lhe é concedido que não caia porque ora, é porque persiste, com a ajuda de Deus, no caminho da santificação que abraçou com o auxílio divino.*[198] Em outras palavras, o auxílio divino não apenas inicia a fé, mas também faz com que se persevere no caminho da santificação. Trata-se de uma obra completa operada por Deus nos seus eleitos. Esse é o ponto salientado por Agostinho.

Outro ponto levantado e defendido por Agostinho está relacionado com o caráter irrevogável desse dom. Isso se dá devido ao fato de sua percepção ser apenas notada no fim. Pois, somente aqueles que receberam e nele permaneceram até o fim, de fato o receberam. Daí o seu caráter irrevogável como dirá o bispo Africano: *Porém, a perseverança até o fim, como ninguém a possui a não ser o que perseverar*

---

197 Ibid., III, 6, p. 219.
198 SANTO AGOSTINHO, *O Dom da Perseverança*, V, 9, p. 221.

até o fim, muitos podem tê-la, mas ninguém pode perdê-la.[199] E por que isso acontece? A resposta agostiniana está na confiança em Deus, pois *Ele (Deus) tem o poder de desviar do mal para o bem as vontades, converter as propensas à queda e dirigir os passos que são de seu agrado.*[200] É Deus, portanto, quem dirige a vontade dos eleitos à perseverança final de forma graciosa, seja inclinando à vontade, convertendo o indivíduo ou dirigindo seus passos a fazerem sua vontade. Em suma, *portanto, assim como opera para que possamos nos aproximar, também opera para não nos afastarmos.*[201] A partir desse entendimento, e respondendo indiretamente a algumas objeções pelagianas concernentes ao mérito do recebimento da graça, pode levantar-se a questão do porquê alguns receberam o dom e outros não? Nesse caso, Deus não estaria cometendo injustiça? Agostinho responderá dizendo:

> Com efeito, não sejamos ingratos perante o fato de Deus misericordioso, segundo o beneplácito de sua vontade, para o louvor da glória de sua graça, libertar tantos da perdição merecida, considerando que, se a ninguém libertasse, não se deveria dizer que ele é injusto. Devido ao pecado de um só, todos foram julgados dignos de uma não injusta condenação, mas totalmente justa.[202]

---

199 Ibid., VI, 10, p. 222.
200 Ibid., VI, 12, p. 223.
201 Ibid., VII, 13, p. 225.
202 Ibid., VIII, 16, p. 227.

Assim, a graça do dom da perseverança não se torna outorgada injustamente por parte de Deus. Justamente pelo fato de todos serem merecedores da justa punição divina, devido ao pecado herdado de Adão. Aqueles que receberam a graça da predestinação e a graça de perseverar na fé não a receberam por causa de seus méritos, mas pela vontade graciosamente soberana de um Deus que predestinou injustos à justiça. Contudo, se Deus não tivesse predestinado ninguém, argumenta Agostinho, Ele continuaria sendo justo, já que todos estão debaixo de culpa. Refirma-se, aqui, a ideia de que tanto o início da fé, quanto a perseverança nela, é fruto da graça divina e não dos méritos humanos. Simplesmente porque *não está nas mãos dos homens, mas de Deus, o poder de se tornarem filhos de Deus (João 1. 12).*[203] Em outras palavras, não está no indivíduo a capacidade de iniciar a fé, de perseverar nela e nem de tornar-se filho de Deus, todas essas coisas são obras graciosas de Deus concedida não segundo os méritos, mas segundo a vontade divina. Nesse momento, percebe-se a organização sistemática do pensamento agostiniano em torno dos conceitos de pecado, graça, fé, predestinação e liberdade. Pois é perceptível ver a graça e a perseverança harmonizando-se no conceito de predestinação, de eleição e de liberdade fazendo sentido no pensamento agostiniano.

Em se tratando daqueles que não perseveraram na fé, é possível entender que não era deles (aquele que não perseverou na fé) *porque não foram chamados segundo o*

---

203 SANTO AGOSTINHO, *O Dom da Perseverança*, VIII, 20, p. 230.

desígnio; não foram eleitos em Cristo desde a fundação do mundo; nele não foram predestinados pela decisão daquele que tudo opera.[204] Em outras palavras, esta perseverança final é fruto de uma predestinação que antecede o próprio indivíduo e que, segundo a graça divina, o capacita a progredir nessa fé, de modo a continuamente perseverar, porque foi eleito por Deus para isso, caso contrário, não desejaria, nem poderia perseverar na fé. E, por isso, Agostinho concluirá: *Todo este arrazoado demonstra que tanto para começar como para perseverar, a graça de Deus é concessão não de acordo com nossos merecimentos, mas é uma dádiva conforme a sua oculta, justa e misericordiosa vontade.*[205] O ponto central da argumentação agostiniana é Deus e sua vontade soberana.

Após a fundamentação da perseverança como concessão da graça divina, Agostinho passa a esclarecer a afirmação equivocada de que *a doutrina da predestinação é prejudicial à utilidade da pregação.*[206] Segundo entende, a predestinação não anula de forma alguma a necessidade da pregação, muito pelo contrário, *a pregação da fé perseverante e crescente não é inutilizada pela pregação da predestinação, pois aqueles a quem é dado ouçam o que é mister ouvir e obedeçam. E como poderão ouvir sem pregador? (Romanos 10. 14).*[207] Nesse sentido, a pregação será ouvida e obedecida por aqueles a quem Deus concedeu a fé para

---

204 Ibid., IX, 21, p. 231.
205 Ibid., XIII, 33, p. 245.
206 Ibid., XIV, 34, p. 247.
207 Ibid., XIV, 36, p. 250.

que pudessem perseverar nela até o fim. E, assim sendo, a predestinação seria confirmada pela pregação e não anulada. É dessa forma que Santo Agostinho argumenta ao concluir:

> Portanto, embora digamos que a obediência é dom de Deus, contudo exortamos as pessoas à sua prática. Mas àqueles que ouvem com espírito de obediência a exortação, este dom de Deus foi outorgado, ou seja, o dom de ouvir com o espírito de obediência; àqueles, porém, que não ouvem com este espírito, não foi concedido o dom.[208]

O cerne da defesa agostiniana reside no fato de que a pregação que exorta os indivíduos à obediência só será eficazmente acatada se estes indivíduos forem eleitos. Sem a eleição, não haverá obediência às exortações feitas pela pregação. Pois, até mesmo o ato de ouvir com o coração obediente, constitui-se um dom divino concedido por Deus àqueles a quem Ele mesmo predestinou. Em sua defesa da predestinação, Santo Agostinho declara: *O que sei é que ninguém conseguiu discorrer contra esta predestinação, que defendemos de acordo com as santas Escrituras, a não ser incorrendo em erro.*[209] Seu escudo que resguarda a predestinação é a própria Escritura. É nela que ele buscou harmonização para seus conceitos organizados de forma sistemática e explicados com precisão filosófica. E, é por

---

208 SANTO AGOSTINHO, *O Dom da Perseverança*, XIV, 37, p. 251.
209 Ibid., XIX, 48, p. 265.

meio das Escrituras, que Agostinho encontrará harmonia e não contrariedade entre perseverança, fé, predestinação e graça. Assim, ele dirá aos que ainda tem dúvidas sobre a relação desses conceitos dentro da fé cristã: *A predestinação é decreto da vontade divina segundo o qual da infidelidade chegaste à fé, após receber a disposição de obedecer, e permaneçais na fé recebendo o dom da perseverança.*[210] Na mente desse bispo cristão não há antagonismo nem contradições entre a fé e a perseverança, entre a perseverança e a predestinação. Tudo é absolutamente harmonizado a partir da própria Escritura, se for pensado de forma sistemática e conceituado de forma filosófica.

Todavia, onde, nesse contexto de perseverança e predestinação, é possível encontrar espaço para o conceito de liberdade nessa obra? A liberdade está em primeiro lugar nessa obra no reconhecimento de que *não cair na tentação não está no poder das forças da liberdade, na situação atual; estivera no poder do homem antes da queda.*[211] Ou seja, reconhecer a condição em que a humanidade se encontra é o primeiro passo para se entender a necessidade da intervenção graciosa da parte de Deus. Intervenção essa que se inicia com a predestinação, que antecede a própria criação do mundo. Essa predestinação é uma preparação para que a graça atue no coração dos indivíduos eleitos. E, atuando a graça, a fé é iniciada e desenvolvida com perseverança até o fim. Todavia, pode-se imaginar haver nesse processo

---

210 Ibid., XXII, 58, p. 275.
211 Ibid., VII, 13, p. 225.

injustiça da parte de Deus, não é o que pensa Santo Agostinho. Na verdade, dirá ele: *Portanto, quem é libertado ame a graça; quem não é libertado reconheça a dívida. Se no perdoar a dívida, manifesta-se a bondade e na exigência se revela a equidade, nunca se pode atribuir a Deus a iniquidade.*[212] A libertação graciosa da parte de Deus é um dom, um presente e não uma dívida meritória, por isso, quem é libertado reconhece que o foi por misericordiosa graça e não por algo que tivesse feito. Pois, se Deus não libertasse ninguém, Ele continuaria sendo justo devido à condição de dívida que toda a humanidade está. Daí a ideia de que se o indivíduo não for libertado, deve reconhecer sua culpa e a justiça de Deus na execução da pena que lhe é devida.

E por que a libertação não pode ser operada segundo o esforço diligente e piedoso do homem? Porque a libertação é um dom concedido somente por meio de Cristo, ou seja, a libertação não está no poder do homem, ela está somente em Jesus Cristo. É assim que entende Agostinho usando as palavras do apóstolo Paulo:

> Pois está escrito e não se pode interpretar de outro modo: *por meio de um só homem o pecado entrou no mundo e, pelo pecado, a morte, e assim a morte passou a todos os homens (Romanos 5. 12)*. E da morte eterna, que é uma justa retribuição ao pecado, somente liberta, sejam crianças ou adultos, aquele que morreu pela remissão dos pecados originais e

---

212 SANTO AGOSTINHO, *O Dom da Perseverança*, VIII, 16, 227.

dos nossos pessoais, sem estar ele manchado com o pecado original ou pessoal.[213]

A libertação do homem só poderia ser operada por meio de Cristo. Sem Cristo, não há libertação, essa é a declaração que fundamenta a argumentação agostiniana. Por isso, Agostinho pergunta-se: *A quem devemos agradecer por tão grande benefício senão ao Senhor nosso Deus, que nos escolheu mediante este benefício, libertando-nos do mar deste mundo, e predestinou-nos antes da criação do mundo?*[214] A resposta a esta indagação é somente Cristo. É Cristo quem escolheu, libertou e predestinou os seus a permanecerem na fé. É dessa forma que Agostinho harmoniza esses conceitos ao dizer: *Esta é a predestinação dos santos e não outra coisa, ou seja, a presciência de Deus e a preparação dos seus favores, com os quais alcançam a libertação todos os que são libertos.*[215] Eis a finalidade da predestinação e sua união com a perseverança final, a libertação do homem, sem a qual *ninguém se liberta a não ser pela graça de Deus.*[216] Em suma, Deus predestinou antes da fundação do mundo aqueles que Ele escolheu por sua graça, e despertou neles a fé necessária para a salvação e a perseverança até o fim, por meio da liberdade para a qual estes foram predestinados a receber graciosamente.

---

213 Ibid., XII, 30, p. 242.
214 Ibid., XIII, 33, p. 247.
215 Ibid., XIV, 35, p. 248.
216 SANTO AGOSTINHO, *O Dom da Perseverança*, XXIV, 66, p. 282.

A partir do que foi exposto, tomando como fundamento as obras em que Santo Agostinho versou sobre a questão da graça e suas implicações filosóficas e teológicas para a fé cristã, temos a dimensão clara do contexto que envolve o entendimento do conceito de liberdade na filosofia agostiniana. É um conceito que precisa ser entendido dentro dos seus próprios parâmetros estabelecidos e pretendidos pelo autor, caso contrário, corre-se o risco de interpretá-lo erroneamente.

O entendimento agostiniano da liberdade é mais bem percebido, então, a partir de quatro estados que passamos a tratar aqui. São eles: o Estado Original, o Estado Atual, o Estado Salvífico e o Estado Pleno ou Final. Esse arranjo da liberdade em quatro estados não foi pensado pelo filósofo, mas é plenamente perceptível dentro do conjunto de suas obras, bem como na forma como ele trata a liberdade dentro delas quando aborda a temática da graça. Portanto, essa será a forma exposta aqui.

Passemos agora a análise do primeiro estado da liberdade agostiniana, o Estado Original ou a Liberdade Original. Nesse estado, o foco agostiniano é claramente a pessoa de Adão, o primeiro homem. Pois, sempre que se refere ao homem criado por Deus, Agostinho enfatiza a natureza íntegra, pura[217] e inocente do primeiro homem.[218] Em outras palavras, o homem Adão vivia em paz com Deus, amando-o sem esforço, não era coagido interna

---

217 SANTO AGOSTINHO, *A Natureza e a Graça*, XLVIII, 56, p. 165.
218 Ibid., LXIII, 75, p. 187.

e externamente, nem sofria dores ou tristezas, Adão era incorruptível e imortal.[219] Não somente isso, mas *ao criar o homem, Deus lhe prescreveu algumas leis, mas deixou-o senhor para prescrever a sua, no sentido de que a lei divina não exerce nenhum constrangimento sobre a vontade do homem*.[220] Esse primeiro homem era livre. E, por liberdade, devemos entender, nesse contexto do primeiro homem, como *uma ausência absoluta de constrangimento, inclusive em relação à lei divina... Deus criou o homem livre, porque lhe deixou a responsabilidade do seu fim último.*[221] Isso quer dizer que Adão era capaz de escolher com total liberdade e responsabilidade devido a sua natureza ter sido criada boa. *Na criação* (dirá Agostinho), *Deus dotou o homem de vontade reta; criara-o com ela aquele que tudo fez bem.*[222] Essa era a condição natural do primeiro homem, onde sua vontade, razão, desejo e alma estavam em plena harmonia, sem falta alguma. Era possível, ainda, entender que *sua vontade era boa, ou seja, dedicava-se a cumprir os mandamentos de Deus, que dotara à vontade com uma firme inclinação para a virtude. De sorte que seu corpo estava sujeito à sua alma; seus desejos carnais, à sua vontade; e sua vontade, a Deus.*[223] Dessa forma, Adão tinha o poder natural de querer e realizar o que sua vontade desejava, sem impedimentos ou inclinações. Portanto, na concepção agostinia-

---

219 GILSON, 2010, p. 281.
220 GILSON, 2006, p. 367.
221 Ibid., p. 368.
222 SANTO AGOSTINHO, *A Correção e a Graça*, XI, 32, p. 118.
223 KELLY, 1994, p. 274.

na em relação a Adão e sua natureza boa, Agostinho diz: *O primeiro homem podia não pecar, podia não morrer, podia não deixar o bem.*[224] Esse é o primeiro estado da liberdade agostiniana. Uma liberdade plena e naturalmente concedida por Deus ao primeiro homem, para que este desfrutasse dela plenamente.

O segundo estado da liberdade agostiniana é o Estado Atual. Aqui, a liberdade é tratada por Agostinho como uma liberdade perdida. O foco novamente é Adão, mas agora na utilização que este fez da liberdade concedida graciosamente. Deus é bom e por isso não pode praticar o mal[225]. Diante desse fato, a perda da liberdade não poderia ter tido origem em Deus, *mas o ato da vontade de afastar-se de Deus, seu Senhor, constitui, sem dúvida, o pecado.*[226] E, este ato, o pecado, *tem sua origem no livre-arbítrio de nossa vontade.*[227] Adão, portanto, afastou-se de Deus pela utilização do livre-arbítrio de sua vontade e, com esta atitude, pecou e perdeu sua liberdade, além de transmitir a todos os seus descendentes a doença do pecado original. Por isso, *o pecado que, por meio de um só homem, entrou no mundo e, pelo pecado a morte, o qual passou a todos os homens (Romanos 5. 12).*[228] Assim sendo, a partir de Adão, todos os

---

224 SANTO AGOSTINHO, *A Correção e a Graça*, XII, 33, p. 119.
225 SANTO AGOSTINHO, *O Livre-arbítrio*, I, 1, 1, p. 25.
226 Ibid., II, 20, 54, p. 142.
227 Ibid., I, 16, 35ª, p. 68.
228 SANTO AGOSTINHO, *A Graça de Cristo e o Pecado Original*, Livro I, L, 55, p. 265.

seus descendentes nascem com o pecado herdado[229]. E essa herança nos legou escravidão e morte em duas instâncias: a física e a eterna.[230] Contudo, vale a pena mencionarmos que *ainda que pareça trivial, ao analisá-lo, pode-se ver que o pecado envolveu sacrilégio (pela descrença na palavra de Deus), assassinato, fornicação espiritual, roubo e avareza.*[231] Trata-se de um erro que alterou o próprio estado de natureza do homem.[232] Essa atitude de pecar ou de afastar-se de Deus, que alterou drasticamente a natureza humana, ainda o tornou impotente quanto a querer novamente retornar a Deus. Assim, entende Agostinho, *que o homem que cai por si mesmo não pode igualmente se reerguer por si mesmo, tão espontaneamente.*[233] E ainda, *agora, porém, porque está nesse estado, ele não é bom nem possui o poder de se tornar bom.*[234] Eis o dilema em que toda a humanidade, sem restrições, padece, desde que Adão caiu, pois todos caíram juntamente em Adão e com Adão. *Pois a liberdade basta por si mesma para praticar o mal, mas é insuficiente para agir bem.*[235] Esse é o Estado Atual concernente à liberdade. Santo Agostinho mostra-nos a situação adoecida, impotente e escravizada da humanidade posterior à que-

---

229 SANTO AGOSTINHO, *A Natureza e a Graça*, LXIII, 75, p. 187.
230 SANTO AGOSTINHO, *A Graça de Cristo e o Pecado Original*, Livro II, XXIV, 29, p. 293.
231 KELLY, 1994, p. 274.
232 GILSON, 2010, p. 287.
233 SANTO AGOSTINHO, *O Livre-arbítrio*, II, 20, 54, p. 143.
234 Ibid., Livro III, 18, 51, p. 209.
235 SANTO AGOSTINHO, *A Correção e a Graça*, XI, 31, p. 117.

da de Adão.[236] Nessa situação, a humanidade encontra-se ainda dotada com seu livre-arbítrio, mas este está débil e impotente[237], pois não consegue retornar ao estado em que estava.[238] Dessa forma, *desde a queda, todos os homens formam uma massa pecadora e devedora de penas que devem sofrer com relação à justiça suprema.*[239] Ou seja, do ponto de vista humano, não há vontade nem potencialidade de retorno a Deus, ao Bem, à Verdade.

O terceiro estado da liberdade agostiniana é o Estado Salvífico. Nesse estado, Santo Agostinho mostra o caminho de retorno a Deus, de restauração da vontade e da liberdade de agir. Parte-se, portanto, da ideia fundamental de que o homem que caiu com Adão não pode retornar ao seu estado inicial[240], em outros termos, ao seu Estado Original. Dessa forma, a liberdade que o homem gozava antes da queda foi perdida.[241] Nessa condição, o homem não quer e não pode retornar ao seu estado de liberdade, *por isso, os que se afastaram de Deus mereceram eclipsar-se, não conseguindo renovar-se a não ser pela graça cristã, ou seja, pela intercessão do Mediador.*[242] É importante entender, ainda, que essa libertação é um retorno, uma conversão a Deus que possibilita à vontade e ao livre-arbítrio escolher e poder novamente

---

236 SANTO AGOSTINHO, *O Livre-arbítrio*, III, 19, 54, p. 212.
237 SANTO AGOSTINHO, *A Graça e a Liberdade*, XVII, 33, p. 58.
238 SANTO AGOSTINHO, *O Livre-arbítrio*, II, 20, 54, p. 143.
239 GILSON, 2010, p. 297.
240 SANTO AGOSTINHO, *O Livre-arbítrio*, II, 20, 54, p. 143.
241 SANTO AGOSTINHO, *A Correção e a Graça*, XII, 37, p. 123.
242 SANTO AGOSTINHO, *O Espírito e a Letra*, XXVIII, 48, p. 73.

realizar o bem, pois sem essa libertação não se pode fazer o bem[243], mesmo que se saiba o que é certo[244]. Diante desse fato, temos a necessidade do Médico que cure a alma adoecida dando-lhe vida para que possa crer.[245] Essa cura é uma libertação da condição imposta por Adão, o primeiro homem, a todos os seus descendentes, concedida pelo segundo Adão, Jesus Cristo.[246] Pois, *sem a fé de Cristo não há libertação*[247], e sem Cristo não há restauração da natureza para a salvação.[248] Mas, só podem vir a Cristo para serem libertos e salvos aqueles que foram eleitos antes da criação do mundo[249] e predestinados segundo o propósito de Deus, que tem sua vontade preparada pelo Senhor para vir a crer.[250] Assim, Agostinho identifica a liberdade com a salvação e está com a restauração da natureza humana, que possibilita aos indivíduos agirem segundo o bem, segundo a verdade. Por isso, o terceiro estado da liberdade agostiniana é o Estado Salvífico, pois é nele que o homem é restaurado para poder agir segundo o bem porque foi salvo e só foi salvo porque foi eleito ou predestinado. A liberdade só é gozada no Estado Salvífico quando Deus opera a salvação nos eleitos, segundo sua vontade, para que estes queiram e possam, agora libertos do pecado, agir segundo a vontade divina.

243 SANTO AGOSTINHO, *A Correção e a Graça*, XI, 31, p. 117.
244 SANTO AGOSTINHO, *O Livre-arbítrio*, III, 18, 52, p. 209.
245 SANTO AGOSTINHO, *A Natureza e a Graça*, XXIII, 25, p. 135.
246 SANTO AGOSTINHO, *A Correção e a Graça*, XII, 35, p. 122.
247 SANTO AGOSTINHO, *A Graça e a Liberdade*, III, 5, p. 28.
248 Ibid., XIII, 25, p. 50.
249 SANTO AGOSTINHO, *O Dom da Perseverança*, XIV, 35, p. 249.
250 SANTO AGOSTINHO, *A Predestinação dos Santos*, V, 10, p. 163.

O último estado da liberdade agostiniana é o Estado Pleno ou Final. Nesse estado, o homem retornará a seu estado original, ou seja, plenamente livre do pecado. O pecado e suas consequências diretas, a morte, a corrupção e a escravidão são as prisões da alma, e só podem ser libertos aqueles a quem o Senhor libertar, submetendo-os à verdade e não mais ao domínio do pecado.[251] Quando essa libertação for operada de forma definitiva, o homem, que antes era escravo dos seus desejos, alheio à vontade de Deus e infeliz, encontrará a verdadeira felicidade, sendo esta um dom de Deus.[252] E essa verdadeira felicidade, que liberta da morte, da injustiça e do poder do Diabo[253], aponta o coração liberto para a felicidade futura da pátria celestial.[254] Esse chamado à liberdade e à felicidade futura dos cidadãos para a pátria celestial vem por meio da pregação do Evangelho[255] que levará o homem a crer na esperança futura de viver em plena justiça.[256] Essa graça da esperança futura Agostinho chama de vida eterna, que Deus oferece não segundo os méritos individuais, mas segundo sua graça e misericórdia.[257] Pois, o primeiro homem, Adão, teve a liberdade pela *qual era tão livre a ponto de poder querer o bem e o mal.[258]*, todavia, na liberdade futura da vida eter-

---

[251] SANTO AGOSTINHO, *O Livre-Arbítrio*, Livro II, 14, 37, p. 121.
[252] SANTO AGOSTINHO, *A Cidade de Deus*. Livro V, Prólogo, p. 217.
[253] Ibid., Livro V, XVIII, p. 248.
[254] SANTO AGOSTINHO, *O Livre-Arbítrio*, Livro II, 3, 7, p. 157.
[255] SANTO AGOSTINHO, *A Cidade de Deus*. Livro V, XVIII, p. 250.
[256] SANTO AGOSTINHO, *O Espírito e a Letra*, XI, 18, p. 37.
[257] SANTO AGOSTINHO, *A Graça e a Liberdade*, IX, 21, p. 44.
[258] SANTO AGOSTINHO, *A Graça e a Liberdade*, IX, 21, p. 44.

na, Deus concederá aos homens a liberdade de *não mais pecar*.²⁵⁹ Essa é a maior de todas as liberdades, o poder de não mais submeter a razão aos bens mutáveis. Pois o pecado também pode ser visto como esse movimento da razão e da vontade de se submeter aos bens mutáveis em lugar do Bem Universal e Imutável.²⁶⁰ Na beatitude eterna, não haverá mais essa possibilidade, porque Deus retirará dos homens tal possibilidade. Mas, se Deus retira essa possibilidade da vontade, onde estaria a liberdade? A liberdade que residiu no Estado Salvífico quando Deus converte o homem a si mesmo, fazendo com que *a graça de Deus, que nos é concedida para bem agir e perseverar no bom caminho, impulsiona-nos não somente a poder o que queremos, mas também a querer o que podemos*²⁶¹, e agora, no Estado Pleno da liberdade, o indivíduo passa a contemplar toda a beleza e verdade de Deus na beatitude eterna, sendo por esta cativado e escravizado pela justiça eterna²⁶². Por isso, não pode mais decair, como fez Adão. Em outros termos, *a primeira etapa da liberdade, que Adão desfrutou, é a capacidade de não pecar; sua fase culminante, a ser desfrutada no céu, é a incapacidade de pecar.*²⁶³ Por essa razão, Deus não permitirá que a razão humana seja retirada dos bens imutáveis em direção aos bens mutáveis. Na vida eterna, Deus mesmo estará com os homens para sempre sendo

---

259 SANTO AGOSTINHO, *A Correção e a Graça*, XII, 33, p. 119.
260 SANTO AGOSTINHO, *O Livre-Arbítrio*, Livro III, 1, 1, p. 147.
261 SANTO AGOSTINHO, *A Correção e a Graça*, XI, 32, p. 118.
262 SANTO AGOSTINHO, *A Correção e a Graça*, XII, 35, p. 122.
263 KELLY, 1994, p. 279.

contemplado por eles e sendo a satisfação eterna deles, ou seja, sua vida feliz[264].

A liberdade na perspectiva de Santo Agostinho precisa ser examinada e analisada a partir desses pressupostos e contexto. Trata-se de um dos temas mais centrais de seus escritos, pois encontra-se atrelado aos conceitos de pecado, graça, predestinação, fé e perseverança. Sobre essas bases, entendemos que, ao falar da liberdade adâmica, Agostinho está falando do Estado Original da liberdade, onde o homem desfrutava de total liberdade sem influências externas ou tendências internas. Por outro lado, a dinâmica altera-se quando ele trata da liberdade perdida ou no Estado Atual. Essa liberdade relaciona-se diretamente com toda a raça humana, simplesmente pelo fato de todos serem descendentes de Adão, ou seja, herdaram o pecado original, bem como suas consequências. Nesse estado, o homem pode usufruir de um certo tipo de liberdade que lhe traz benefícios momentâneos, todavia, em se tratando de retornar a Deus ou buscar os bens superiores, imutáveis como o próprio Deus e sua vontade, a verdade, a bondade e a felicidade, esse homem encontra-se débil, escravo de sua vontade e impotente quanto à possibilidade de libertar-se desse estado. Dessa feita, Agostinho trata, também, da liberdade a partir de um outro estado, o Estado Salvífico. Nesse estado, devido à impotência do homem, Deus, por meio do seu Filho bendito, vem em auxílio do homem caído, concedendo-lhe a graça para produzir, no

---

264 SANTO AGOSTINHO, *Confissões*, X, 32, p. 282.

homem, a fé para vir a crer, a liberdade do arbítrio para que este possa escolher o bem e a perseverança final pela qual desenvolve sua santidade em direção à vida eterna. Essa graça salvífica só foi outorgada devido ao fato de Deus ter predestinado seus eleitos antes da fundação do mundo, para que estes pudessem receber a graça de Cristo, sendo assim salvos. Por último, a liberdade ainda é entendida por Santo Agostinho como um Estado Pleno ou Final apontando para uma perspectiva futura. Nesse estado, a liberdade será completa, dessa vez sem a possibilidade de se afastar do Criador, ou de se submeter à razão aos bens mutáveis e aos transitórios. Aqui, o homem será escravo da justiça e amante da felicidade eterna. Essa é a verdadeira e última liberdade, a de estar com Deus e se alegrar Nele, por Ele e para Ele eternamente. Essa é a liberdade dos eleitos e predestinados que será gozada no céu.

Essas percepções agostinianas da liberdade tiveram forte impacto na Reforma Protestante do século XVI. Tanto do ponto de vista antropológico quanto do ponto de vista da própria noção de liberdade. Santo Agostinho foi o filósofo por excelência da Reforma, sendo citado direta ou indiretamente, pois suas concepções de pecado, graça, livre-arbítrio, liberdade, predestinação etc. tornaram-se um esteio doutrinário e filosófico da cristandade, bem como um lugar comum de fundamentação para os Reformadores.

CAPÍTULO 2

COMO LUTERO ENTENDE A LIBERDADE

A liberdade tratada por Santo Agostinho refletiu o anseio da cristandade em estabelecer o entendimento de que a fé nas doutrinas fundamentais do cristianismo poderia possuir um lastro filosófico em sua organização, ou seja, a fé que eles já possuíam era compatível com a razão, com a filosofia que agora buscavam relacionar. Em suas linhas fundamentais, ao tratar da liberdade, Santo Agostinho versou sobre o homem, sua dignidade e sua liberdade, temas esses que refletem o *humanismo cristão dos Padres do século IV d.C.*[1] e que encontram, no período Humanista-Renascentista dos séculos XIV a XVI, eco nos seus grandes temas, a saber: o *Poder do homem*, a *responsabilidade do cidadão* e a *liberdade de investigação.*[2] Temas que foram colocados a fim de que uma questão capital fosse resolvida, que anteriormente a teologia Medieval não solucionou, *tratava-se da relação da Providência com a liberdade e a necessidade humana.*[3] Temas que permearam todo o período Humanista-Renascentista.

Deve-se, ainda, levar em consideração as grandes

---

1 JAERGER, 2001, p. 126.
2 VÉDRINE, 1996, p. 22.
3 BURCKHARDT, 1991, p. 358.

transformações ocorridas na Europa a partir do século XIV, principalmente no aspecto religioso, pois *a uniformidade religiosa medieval deu lugar à diversidade religiosa.*[4] Atrelado a esse aspecto, existia um *desejo de libertar-se interiormente da odiada Igreja, tal como ela se apresentava então.*[5] É nessa atmosfera de descrença na instituição religiosa vigente que ensejou, dentro do movimento Humanista-Renascentista, o renascimento religioso, que ficou conhecido como a Reforma Protestante. A Reforma Protestante tem seus antecedentes e precursores por volta do século XIV e XV com John Wycliffe (1328 – 1384), na Inglaterra, John Huss (1373 – 1415), na Boêmia, e Savanarola (1452 – 1498), na Itália[6], mas foi em 31 de outubro de 1517, quando Martinho Lutero, um monge agostiniano, pregou na porta da igreja do castelo de Wittenberg as 95 Teses contra as indulgências, que se deflagrou a Reforma Protestante propriamente dita.[7] Esse movimento foi um divisor de águas no aspecto intelectual desse período, pois *entre 1520 e 1525, dá-se o rompimento entre os humanistas que ficaram fiéis ao catolicismo e os reformadores.*[8] É nessa conjuntura que se dá a mais importante disputa desse período sobre a temática da liberdade, da dignidade, da responsabilidade do homem e do seu livre-arbítrio.

4   CAIRNS, 1995, p. 223.
5   BURCKHARDT, 1991, p. 388.
6   CAIRNS, 1995, p. 204 a 207.
7   Ibid., p. 235.
8   VÉDRINE, 1996, p. 48.

Portanto, é nesse ambiente de abandono e renascimento que *Erasmo e Lutero opõem-se definitivamente e doravante dois tipos de reflexão vão defrontar-se.*[9] Em Erasmo e Lutero, o Humanismo se confronta com o Cristianismo e a Instituição Católica Apostólica Romana confronta-se com o Protestantismo das Escrituras. Pois o que estava em jogo, nesse debate, ia além da busca pela verdadeira liberdade, almejava-se conjuntamente uma visão sobre o homem. *De modo geral, humanistas e reformadores estavam, pois, na busca do homem verdadeiro, do homem desvencilhado das falsas místicas e liberto das servidões sociais que o desnaturavam.*[10] Essa diferença na percepção do homem entre essas duas visões representadas por esses dois personagens mostra-nos que *ao antropocentrismo, a Reforma opunha uma meditação dolorosa sobre a falta e a Redenção, sobre o pecado e a Graça.*[11] Pensando assim, a questão fundamental da liberdade está inteiramente ligada à percepção antropológica que se utiliza para refletir sobre ela. Dependendo da visão antropológica, Humanista ou Reformada, teremos um conceito totalmente distinto de liberdade.

Sendo assim, partindo dessas premissas, é possível ver em Lutero uma mesma percepção sobre a liberdade e sobre o homem, em contextos diferentes. O primeiro texto que é preciso ser analisado a fim de se conhecer a noção de liberdade defendida pelo reformado é o texto intitulado

---

9 VÉDRINE, 1996, p. 48.
10 BIÉLER, 1970, p. 11.
11 VÉDRINE, 1996, p. 66.

Da Liberdade Cristã. Em seguida, a análise deve entrar no debate propriamente dito, a partir do texto *Da Vontade Cativa* sendo acompanhada pelo texto de Erasmo intitulado *Livre-Arbítrio e Salvação* ou *Diatribe Sobre o Livre-Arbítrio*. Esses textos dão uma visão clara da liberdade e da antropologia na concepção que Lutero desenvolveu. É importante mencionar que esses textos não foram os primeiros em que o reformador tratou sobre a liberdade. Esse tema pode ser visto em alguns trechos de sermões e panfletos. Até mesmo, e mais evidente, a liberdade é o tema fundamental de uma das mais conhecias obras de Lutero, intitulada *Do Cativeiro Babilônico da Igreja*, contudo, esse texto versa não sobre a liberdade em si, ou melhor dizendo, do ponto de vista filosófico. Nessa obra, a liberdade está sendo tratada a partir da sua relação com os sacramentos eclesiásticos. Como o que se pretende nesse livro é estabelecer o paralelo entre o pensamento de Santo Agostinho e dos Reformadores sobre a liberdade, então, não trataremos dessa obra, devido ao seu contexto eclesiástico específico. Por isso, a análise concentra-se principalmente nas obras em que é evidente o ponto de vista filosófico no trato do tema da liberdade, mesmo reconhecendo que o pano de fundo no qual Lutero aborda esse tema são as Escrituras Sagradas.

2.1 *A Liberdade na Obra Da Liberdade Cristã.*

Da Liberdade Cristã é uma obra escrita por Lutero em outubro de 1520. Ao que parece, ela foi um anexo à carta que Lutero escreveu ao papa Leão X, a fim de esclarecer a sua posição defendida na obra *Do Cativeiro Babilônico da Igreja*.[12] Nesse texto, portanto, encontra-se um Lutero em um momento particularmente difícil, pois estava prestes a ser expulso da igreja romana, mas por outro lado temos um texto *nitidamente pastoral, bastante distante do tom polêmico e, por vezes, agressivo, que podemos encontrar em uma série de outros escritos decisivos da Reforma.*[13] Mesmo versando sobre a liberdade a partir do fundamento da justificação pela fé, Lutero, nesse escrito, apresentará não uma visão balizada pelas normas e regras da igreja institucionalizada, mas a temática a partir do dever e responsabilidade do indivíduo, ou seja, o texto apresenta o paradoxo da vida cristã, que deve ser entendida como plenamente livre por meio da salvação em Cristo e escrava pelo amor ao serviço dedicado ao próximo. Antes de adentrarmos no texto em si, é imprescindível ter em mente que esse texto constitui a primeira tentativa de estabelecimento de uma percepção da Reforma Protestante sobre a temática da liberdade frente às concepções Humanistas. Nesse sentido, sua importância torna-se singular.

Lutero abre seu pequeno texto apresentando a máxima que define toda a vida cristã, e esta torna-se a declaração fundamental de sua obra, a saber: *Um cristão é senhor*

---

12 DREHER, Martin N. *Introdução*, em LUTERO, Martinho. *Obras Selecionadas, O Programa da Reforma Escritos de 1520, Vl. 2*. Tradução: vários. Porto Alegre: Sinodal, Concórdia, 2016. p. 425.

13 WALTER, Altmann. *Introdução*, em LUTERO, Martinho. *Da Liberdade Cristã*. Tradução de Walter Altmann, 9ª ed. São Leopoldo: Sinodal, 2016, p. 3.

*livre sobre as coisas e não está sujeito a ninguém. Um cristão é um servo prestativo em todas as coisas e está sujeito a todos.*¹⁴ É a partir dessa declaração emblemática que a obra é dividida. Em primeiro lugar, Lutero tratará da liberdade individual, depois apresenta a liberdade em relação ao outro. Como fundamento para sua alegação, o agostiniano de Wittenberg utiliza três textos das cartas do apóstolo Paulo¹⁵ com a finalidade de *se poder entender ambas as afirmações, contraditórias entre si sobre a liberdade e a servidão, devemos ter em conta que toda pessoa cristã possui duas naturezas: uma espiritual e outra corporal.*¹⁶ Sob este fundamento, Lutero lança seu olhar para o homem interior, espiritual, a fim de demonstrar que *nenhuma coisa externa, seja qual for, pode fazer dele alguém agradável a Deus ou livre; pois nem sua piedade e liberdade, nem sua maldade e cativeiro são corpóreos ou externos.*¹⁷ Nesse ponto, ele levanta-se contra dois inimigos, o papado e os Humanistas, que entendiam a liberdade como algo passível de ser adquirido pela autoridade do Papa; por meio dos sacramentos e indulgências, ou pelo esforço racional do indivíduo, como pensavam os Humanistas. Todavia, Lutero enfatiza o caráter intangível e incalculável da liberdade individual que somente Deus poderia dar ao indivíduo. Essa dupla consequência da afirmação vai de encontro a tudo o que se pensava, até então, no período Humanista-Renascentista,

---

14 MARTIM LUTERO, 2016, *Da Liberdade Cristã*, 1, p. 7.
15 1 Coríntios 9. 19, Romanos 13. 8 e Gálatas 4. 4.
16 MARTIM LUTERO, 2016, *Da Liberdade Cristã*, 1, p. 8.
17 MARTIM LUTERO, 2016, *Da Liberdade Cristã*, 3, p. 9.

pois a liberdade era um estatuto passível de ser alcançado pela razão, do ponto de vista vigente, mas Lutero a apresenta de forma distinta dos seus contemporâneos, ao pôr em Deus a origem e doação desta.

Ele, então, reconhece que a alma do homem pode renunciar a tudo, menos à Palavra de Deus, porque *uma vez, porém, que essa possuir a palavra de Deus, de nada mais necessitará, pois na palavra de Deus encontrará o suficiente, alimento, alegria, paz, luz, virtude, justiça, verdade, sabedoria, liberdade e toda sorte de bens em abundância.*[18] O que a princípio parece apenas uma declaração de fé aos cristãos, na verdade, quando bem entendido, é um levante, um ataque direto aos valores queridos do Humanismo-Renascentista. Percebe-se que Lutero põe na Palavra, e não na razão ou no espírito humano, toda a fonte de satisfação. É na Palavra e não no próprio indivíduo que está toda a virtude e os bens, dos quais a alma necessita. Pensando assim, ele entende que a Palavra de Deus contém o Evangelho a respeito de Cristo, no qual o homem deve depositar sua fé inteiramente, sabendo que *por essa mesma fé te serão perdoados todos os pecados, tua ruína estará superada, serás justo, viverás em retidão e paz, te tonarás alguém agradável a Deus, cumpridor de todos os mandamentos e livre de todas as coisas.*[19] A ênfase luterana aqui está na dependência do indivíduo de Deus, da Palavra, do Evangelho e do depósito de sua fé em Jesus, para que, então, ele seja agradável a

---

18 Ibid., 5, p. 11.
19 Ibid., 6, p. 12.

Deus e completamente livre. Tanto do ponto de vista Humanista-Renascentista, quanto do pondo de vista da Igreja Católica Apostólica Romana, essas ênfases são no mínimo estranhas de certa forma, porque não está nas obras que o indivíduo venha a realizar ou no poder de sua razão que residirá sua satisfação e liberdade. Há, aqui, uma negação do poder da vontade do indivíduo. É Deus, e unicamente Ele, quem pode tornar os homens agradáveis a Ele mesmo, por meio da justiça da fé em Cristo, e conceder a esses indivíduos a tão desejada liberdade. Dessa forma, declara Lutero: *A esse respeito dever-se-á ter bem em conta, sem esquecê-lo nunca, que só a fé, sem obras, nos torna agradáveis a Deus, livres e bem-aventurados.*[20]

Fica evidente que Lutero está mostrando a impotência da vontade humana em buscar a Deus, tornar-se agradável a Ele e ser livre por meio do cumprimento da lei, assim como pensavam seus contemporâneos papistas e Humanistas-Renascentistas. Era necessária uma libertação interior que a lei não poderia dar, pois os mandamentos *ensinam o que é preciso fazer, mas não fornecem a força necessária para realizá-lo.*[21] A finalidade de tais afirmações repousa no fato de que, ao reconhecer-se incapaz de se tornar agradável a Deus e de se libertar, o homem deveria, com isso, *desalentar-se consigo mesmo e a procurar em outra parte o auxílio necessário.*[22] Ao apontar para fora

---

20 MARTIM LUTERO, 2016, *Da Liberdade Cristã*, 8, p. 14.
21 Ibid., 8, p. 14.
22 Ibid., 8, p. 15.

de si mesmo, Lutero faz com que o homem reconheça sua limitação e impotência, para que buscasse, em Cristo Jesus, a libertação dos seus pecados e a verdadeira liberdade que a razão Humanista-Renascentista não poderia dar, nem mesmo as indulgências da igreja romana.

Sob essa perspectiva de limitação e impotência, *o cristão é livre de todas as coisas e senhor sobre elas, sem que necessite, portanto, de boa obra alguma para tornar-se agradável a Deus e ser salvo. É a fé que lhe dá tudo em abundância.*[23] Ou seja, a fé em Cristo, afirma Lutero, é o meio pelo qual os cristãos alcançam a liberdade e o senhorio sobre tudo o que existe, mas sem sujeitar-se à necessidade de praticar obras com a finalidade de tornar-se agradável a Deus para sua salvação. É Cristo quem salva e liberta a todos, de forma graciosa. Essa verdade deveria ser ensinada como fundamento a todos os cristãos, pois *onde é corretamente explanada a liberdade cristã que dele temos, e como somos reis e sacerdotes, com poder sobre todas as coisas.*[24] A ênfase recai na ambivalência da vida cristã. O cristão, ao reconhecer-se limitado, recorre a Cristo para que, por meio dele, possa ser livre dos seus pecados, tornando-se agradável a Deus e salvo. Agora, livre e salvo, ele passa a ser senhor sobre sua vontade e razão, sendo completamente livre, de dentro para fora, em seu homem interior.

A partir desse entendimento da necessidade, origem e recebimento da verdadeira liberdade, o homem, que foi

---

23 Ibid., 16, p. 25.
24 Ibid., 18, p. 27.

verdadeiramente liberto de tudo, começando dentro de si mesmo, pode agora tornar-se servo de todos pelo amor. Essa é a percepção que guiará a reflexão de Lutero em toda a segunda parte de seu livro, como ele mesmo diz: *Em sendo livre, (o cristão) não deve fazer nada; em sendo servo, deve fazer tudo quanto é possível.*[25] Em outros termos, em relação ao homem interior, o homem não quer e não pode fazer nada para tornar-se agradável a Deus e libertar-se do pecado, é Cristo, por meio da fé, quem o liberta, todavia, em relação ao homem exterior, após ser plenamente liberto por Cristo, torna-se consciente e espontaneamente servo de todos, tendo o dever de fazer tudo quanto é possível para servir ao outro em amor. Não somente isso, em relação ao domínio das paixões e a obediência à lei, aquele que foi liberto tem a vontade restaurada e o poder de agir, dominando suas paixões e obedecendo de coração à lei de Deus e à lei dos homens. É assim que Lutero se expressa:

> No entanto, não são as obras, propriamente, o bem verdadeiro, pelo qual ele se torna agradável e justo diante de Deus, mas elas são efetuadas gratuitamente por amor livre, só para agradar a Deus, sem perseguir nem divisar nisso nada além do que agradar a Deus, desejando cumprir sua vontade de maneira possível.[26]

O que pode ser observado, aqui, é o choque de cosmovisões. Para os Humanistas-Renascentistas, o homem

---

25 MARTIM LUTERO, 2016, *Da Liberdade Cristã*, 19, p. 29.
26 Ibid., 21, p. 31.

era plenamente capaz, pelo uso de suas faculdades da razão, de realizar o bem a si mesmo, dominando suas paixões. Lutero, com seu texto, opõe-se a essa visão quando lança sob os ombros de Deus a libertação do homem e a finalidade de suas ações. Por outro lado, o pensamento de Lutero contrapõe-se ao pensamento da Igreja Católica, que entendia que as obras tinham dignidade e méritos diante de Deus pelos quais o indivíduo poderia salvar-se, daí a importância das obras para o Catolicismo. Ao pôr exclusivamente em Deus o meio e o poder pelo qual o homem justifica-se e torna-se agradável a Ele, Lutero ataca todo um sistema doutrinário e econômico vigente. Sob estes fundamentos e amparado pelas Escrituras, especialmente pelo apóstolo Paulo, Lutero lança luz sobre o propósito e o motivo para o serviço livre ao outro. Segundo ele:

> Logo, ao realizar todas essas obras, terá sua mira posta tão somente em servir e ser útil aos demais, sem pensar em outra coisa do que nas necessidades daqueles a cujo serviço deseja colocar-se. Isso, então, se chama de uma vida verdadeiramente cristã; aí a fé porá mãos à obra com prazer e amor, como ensina S. Paulo aos Gálatas (5. 6)."[27]

Ou seja, o serviço prazeroso e amoroso ao outro é fruto não da obtenção de algo, mas sim pelo fato de já ser liberto, o cristão pode agir livremente, sabendo que suas obras são fruto de sua liberdade e não em busca da liberdade. O maior exemplo, segundo Lutero, de serviço praze-

---

[27] Ibid., 26, p. 40.

roso e amoroso do Cristão é o próprio Cristo, que *embora ele fosse livre, ainda assim por nossa causa tornou-se um servo.*[28] E, sendo assim, conclui ele:

> Logo, embora a pessoa cristã seja livre, deverá de bom grado tornar-se serva, a fim de ajudar seu próximo, tratando-o e agindo para com ele assim como Deus agiu para com ela própria por meio de Cristo – e tudo gratuitamente, sem pretender nada para si, mas apenas agradar a Deus.[29]

O serviço ao próximo é uma expressão da verdadeira liberdade alcançada pelo indivíduo, pois mesmo não estando sujeito a nada, submete-se voluntariamente ao próximo por amor. Não somente isso, ele age apenas com a finalidade de agradar a Deus, que o libertou para que pudesse servir.

Lutero conclui seu opúsculo afirmando claramente que *a partir de tudo isso, chega-se à conclusão de que a pessoa que é cristã não vive em si mesma, mas em Cristo e no seu próximo – em Cristo, pela fé; e no seu próximo, pelo amor.*[30] Ou seja, a verdadeira liberdade veio por intermédio da fé e através do outro. Ele ainda afirma: *Eis aí a liberdade verdadeira, espiritual e cristã, que liberta o coração de todos os pecados, leis e mandamentos. É aquela liberdade que supera toda e qualquer outra liberdade, tal como o céu supera*

---

28 MARTIM LUTERO, 2016, *Da Liberdade Cristã*, 26, p. 41.
29 Ibid., 27, p. 41 e 42.
30 Ibid., 30, p. 48.

a terra.[31] Essas verdades propagadas por Lutero, mesmo sem intenção polemista, foram uma afronta à cosmovisão majoritária e à instituição dominante. Uma liberdade que não vem por obras meritórias, seja da razão ou das indulgências, grita alto mesmo sem intenção, porque revela as intenções subjacentes das mentes e corações dos homens.

Portanto, a liberdade aparece nessa obra de forma ambivalente. Por um lado, o cristão verdadeiro é livre e não está sujeito a nada, nem a ninguém, porque pela fé Cristo o libertou do seu maior cativeiro, o seu próprio coração. Por outro lado, ele é espontâneo e conscientemente servo de todos pelo amor, pois foi com esta finalidade que Cristo o libertou. Passemos, então, à principal obra em que Lutero aborda enfaticamente a temática da liberdade, agora de forma polemista e agressiva, como lhe era peculiar e necessário, diante do contexto histórico, político e religioso de sua época.

2.2 Introdução ao Debate Entre Lutero e Erasmo.

Antes de analisar a obra em si, é imprescindível a compreensão do contexto no qual esse livro foi escrito para um entendimento do objetivo que motivou Lutero a escrevê-lo, quem eram os personagens envolvidos nesse debate e como cada um deles abordava o tema principal, ou seja, a liberdade.

---

31 Ibid., Id.

Deve-se entender que entre 1525 e 1539, Lutero estava envolvido em três grandes debates que tinham como tema principal a salvação do ser humano a partir de diferentes perspectivas. Sendo assim, ao tratar de qualquer obra de Lutero desse período, está em jogo a salvação do ser humano, e pode-se dizer que as obras dessa fase representam *o centro da teologia de Lutero*.[32] Partindo desse pressuposto, no centro da disputa entre Erasmo e Lutero, estava em jogo a concepção antropológica do Humanismo-Renascentista frente à antropologia da Reforma[33], por meio da concepção que ambos tinham sobre a liberdade. Toda a querela entre Erasmo e Lutero dá-se, possivelmente, bem antes da obra de Lutero ter sido escrita. Desde 1516, Lutero ataca as concepções moralistas dos Humanistas-Renascentistas em seus sermões[34], não reconhecendo-as como meios para a salvação. Dessa feita, Erasmo foi instado a responder Lutero, por ser ele *o intelectual mais respeitado da época*[35], bem como da Igreja Católica Romana desse período. Lutero ainda envia uma carta a Erasmo como *oferta de neutralidade*.[36] Todavia, forçado a responder, Erasmo publica, em

---

32 FISCHER, Joachim H., KAYSER, Ilson. *Introdução Geral*, em LUTERO, Martinho. *Da Vontade Cativa, Obras Selecionadas, Debate e Controvérsias II*, Vl. 4. Tradução: vários. Porto Alegre: Sinodal, Concórdia, 1993, p. 9.

33 DREHER, Martin N. *Introdução*, em LUTERO, Martinho. *Da Vontade Cativa, Obras Selecionadas, Debate e Controvérsias II*, Vl. 4. Tradução: vários. Porto Alegre: Sinodal, Concórdia, 1993, p. 11.

34 Ibid., id.

35 CAVACO, 2016, p. 69.

36 DREHER, Martin N. *Introdução*, em LUTERO, Martinho. *Da Vontade Cativa, Obras Selecionadas, Debate e Controvérsias II*, Vl. 4. Tradução: vários. Porto Alegre: Sinodal, Concórdia, 1993, p. 13.

1524, sua obra intitulada *Diatribe Sobre o Livre Arbítrio*.[37] A resposta de Lutero viria em 1525, atendendo ao pedido de sua esposa Catarina Von Bora, por meio de sua obra *Da Vontade Cativa*.

Pensando ainda em caráter introdutório, os personagens dessa disputa falam muito da dimensão da própria disputa. Desidério Erasmo de Roterdã (1466 – 1536) era, sem sombra de dúvidas, o principal, mais conhecido e badalado intelectual do seu tempo, sendo *a personalidade mais marcante desse movimento*[38], o Humanismo. Em toda a Europa, ele era visto como *um homem saudado, reverenciado como um mestre tanto pelos franceses como pelos ingleses, alemães, flamengos, poloneses, espanhóis e pelos próprios italianos*.[39] Em 1516, Erasmo publicou o seu Novo Testamento Grego que *tinha feito as delícias de todos aqueles que se encantavam com a leitura Bíblica*[40], entre esses, os humanistas que o louvavam enquanto alguns teólogos católicos o desaprovavam.[41] Com seu texto do Novo Testamento, ele havia *resgatado o interesse pelas línguas originais do grego e do hebraico, e gritando o slogan: as fontes, as fontes!*[42] Todavia, a obra que havia de caracterizar-se como "obra-prima" de sua metodologia seria o texto *Diatribe So-*

---

37 Em latim *De libero arbítrio DIATRIBH sive Collatio*.
38 VÉDRINE, 1996, p. 50.
39 FEBVRE, 2012, p. 145.
40 CAVACO, 2016, p. 69.
41 RUMMEL, 2017, p. 3.
42 CAVACO, 2016, P. 69.

bre o Livre Arbítrio.[43] Essa obra expressava o anseio de todos os cristãos católicos que desejavam *com muita ansiedade saber como se alinharia Erasmo em relação ao assunto*.[44] Visto por esse prisma, tem-se em Erasmo, o principal intelectual católico frente à grande disputa que fundamentaria tanto a percepção sobre o homem e a liberdade, quanto a posição da igreja romana frente à mais profunda cisma em seu seio, a Reforma Protestante.

Do outro lado dessa disputa, temos Martinho Lutero, filho de um mineiro e de uma cristã supersticiosa, que graças à condição financeira de sua família, teve a possibilidade de ingressar na carreira acadêmica. Estudou latim e filosofia seguindo o nominalismo de Guilherme de Occam. Recebeu, em 1502, o bacharel em artes, e em 1505, o mestrado em artes. Entrou para um mosteiro da ordem agostiniana em 1507, a contragosto de seu pai, que desejava que ele estudasse direito. Em 1512, tornou-se professor de Bíblia e recebeu o doutorado em teologia nesse mesmo ano. Mas enquanto dava aulas sobre o livro de Romanos, ao se deparar com o capítulo 1, verso 17, foi convencido de que somente a fé em Cristo poderia tornar alguém justo diante de Deus.[45] Tudo parecia normal na vida desse monge agostiniano até essa descoberta. Daí em diante, sua busca pessoal dirigiu-se na obtenção da liberdade. Pois, *para Lutero, atingir a liberdade é o que faz a vida valer a pena*.[46]

43 RUMMEL, 2017, p. 6.
44 CAVACO, 2016, p. 69.
45 CAIRNS, 1995, p. 233 e 234.
46 CAVACO, 2016, p. 48.

Por esse prisma, percebe-se que Lutero *não tinha um plano formado*.[47] O que se vê é um cristão que foi alcançado por uma verdade e não um revolucionário que busca uma transformação radical da sua sociedade. Contudo, em um dos seus escritos mais antigos que se tem hoje, é possível enxergar, inicialmente, um desejo de reforma, como ele diz: *Sim, uma reforma é necessária, escreveria ele.*[48] Essa reforma tem em seu centro a esfera do indivíduo e da própria religião, ou seja, *reforma eclesiástica? Talvez. Reforma religiosa: é a única que conta...*[49] Sob estes pressupostos, Lutero, em 31 de outubro de 1517, rompe decisivamente com a instituição Católica Apostólica Romana; data esta que marca a Reforma Protestante. Daí em diante, ele passa a escrever muitas obras justificando suas posições e interpretações, além de cartas e obras de disputas teológicas como é o caso *Da Vontade Cativa*. Esse escrito pode ser considerado, junto a *Do Cativeiro Babilônico da Igreja* – anterior a esta, *a melhor e mais útil publicação* na opinião de Lutero[50] no que tange aspectos teológicos e filosóficos.

Portanto, em um contexto de divisões eclesiásticas e de disputas intelectuais oriundas do movimento Humanista-Renascentista (aristotelismo e platonismo) é que Lutero e Erasmo vão defrontar-se por meio do tema da li-

---

47 FEBVRE, 2012, p. 143.
48 Ibid., p. 88.
49 Ibid., p. 89.
50 SANTOS, Gilson. *Prefácio a Edição em Português*. Em LUTERO, Martinho. *Da Vontade Cativa, Obras Selecionadas, Debate e Controvérsias II*, Vl. 4. Tradução: vários. Porto Alegre: Sinodal, Concórdia, 1993, p. 9.

berdade. As duas visões, Humanista e Reformada; Católica e Protestante aparecerão e serão manifestas a partir dessa disputa. Por isso, é imprescindível, para a compreensão da argumentação de Lutero, entender a que ele estava respondendo, já que sua obra é uma resposta ao livro de Erasmo. Sendo assim, passemos a analisar brevemente a obra de Erasmo.

2.3 A Diatribe Sobre o Livre-Arbítrio de Erasmo.

A linguagem desse debate é a expressão das academias, principalmente da Universidade de Paris.[51] Esse texto de Erasmo pode ser dividido em três partes e um comentário final. Na primeira parte, ele trata das passagens das Escrituras que apoiam a livre escola; na segunda, ele aborda passagens da Escritura que parecem se opor à livre escolha e na última parte ele examina os argumentos de Lutero. Erasmo conclui seu texto fazendo um comentário sobre a postura e interpretação de Lutero, deixando na responsabilidade dos leitores a decisão sobre o debate. Passemos, agora, à análise do texto propriamente dito.

Erasmo abre seu texto afirmando que *entre as muitas dificuldades que brotam da Sagrada Escritura, dificilmente haverá um labirinto mais intrincado do que o da 'livre*

---

51 MARLOW, A. N., DREWERY, B. *A Linguagem do Debate*. Em ROTERDÃ, Erasmo. *Livre-arbítrio e Salvação*. Editado por E. Gordon Rupp e Philip S. Watson. Tradução de Nélio Schneider. São Paulo: Editora Reflexão, 2014, p. 55.

*escolha'.*⁵² Com essa declaração, Erasmo fundamenta sua perspectiva em todo o debate. Primeiramente, ele observa que, segundo lhe parece, o tema da liberdade de escolha do indivíduo é um tema muito difícil dentro dos limites da Escritura Sagrada; observação essa que será atacada por Lutero de forma intensa em todo o seu texto. Em segundo lugar, ele reconhece que o debate sobre a livre escolha foi alvo de intensa discussão em toda a história da filosofia e, também, da teologia. O que de fato se pode perceber ao observar as discussões desde a época de Santo Agostinho e Pelágio. Mesmo assim, ele afirma e se esforça *não tendo nenhum outro objetivo senão o de tornar a verdade mais clara provocando entrechoque de textos da Escritura e argumentos.*⁵³ Esse objetivo e a forma como Erasmo conduz seu texto revela-o como um típico representante do academicismo Humanista de seu tempo, analisando, comparando e inferindo consequências lógicas a partir do texto analisado e de suas reflexões.

Ainda em caráter introdutório, Erasmo declara que:

> ... há lugares nas Sagradas Escrituras, nos quais Deus não desejou que penetremos mais profundamente e, quando tentamos fazer isso, a escuridão vai aumentando à medida que nos aprofundamos, e por essa via somos levados a reconhecer a majestade

---

52 ERASMO, *Livre-arbítrio e Salvação*, 2014, PARTE I, p. 62.
53 ERASMO, *Livre-arbítrio e Salvação*, 2014, PARTE I, p. 63.

insondável da sabedoria divina e a debilidade da mente humana.[54]

Essa afirmação que, aparentemente, expressa uma perspectiva tipicamente piedosa e de submissão a Deus, revela o ponto de vista Católico em relação ao conhecimento da Escritura por aqueles que não fazem parte do clero, ou seja, há aqui uma espécie de levante contra a perspectiva luterana de livre acesso ao Texto Sagrado. Por outro lado, deve-se reconhecer duas verdades no que Erasmo disse. Primeiramente, há textos de difícil compreensão na Escritura Sagrada e, em segundo lugar, existe um limite da razão humana em relação aos planos de Deus revelados na Escritura. Todavia, não se pode esquecer que Erasmo está atacando as teses de Lutero em seu texto. Sendo assim, deve-se entender que Lutero pensa o oposto de Erasmo em relação à livre escolha e no que diz respeito ao Texto Sagrado.

Ao seguir com seu argumento, Erasmo fará uma diferenciação tipicamente católica em relação ao acesso às Escrituras quando diz: *Além disso, há algumas coisas de natureza tal que, mesmo se fossem verdadeiras e pudessem ser conhecidas, não seria apropriado prostituí-las diante de ouvidos comuns.*[55] Em suma, o argumento erasmiano é que algumas verdades não podem ser entendidas pelo homem comum. Mas, a quais verdades ele está se referindo? A do

---

54 Ibid., p. 66.
55 Ibid., p. 68 e 69.

poder da livre escolha do indivíduo em relação a sua salvação. Erasmo fundamenta-se no texto do livro apócrifo[56] de Eclesiástico ou Sirácida capítulo 15. 14 – 17, que diz:

> Ele mesmo criou o homem no começo e o entregou ao seu próprio arbítrio. Se quiseres, podes observar os mandamentos: ficar fiel depende de tua boa vontade. Ele colocou junto de ti o fogo e a água: podes estender a mão segundo a tua escolha. Aos homens são propostas a vida e a morte: a cada um será dado segundo a sua escolha.[57]

A partir desse texto, Erasmo define o que seria a livre escolha da seguinte forma: *Entendemos aqui por livre escolha uma força da vontade humana que capacita o ser humano a dedicar-se às coisas que levam à salvação eterna ou voltar as costas a elas.*[58] Com essa definição, ele expôs seu pensamento sobre a vontade livre dos indivíduos, e não somente isso, mas também revelou a compreensão Humanista-Renascentista atrelada à posição da igreja romana. Aqui, percebe-se a ênfase no potencial da vontade humana em determinar sua salvação, bem como a faculdade de rejeitá-la. Há um primado da liberdade, tal qual os Humanistas-Renascentistas entendiam. O homem é plena-

---

56 GEISLER, NIX, 2006, p. 91 – esses livros são aceitos pelos católicos romanos como canônicos e rejeitados por protestantes e judeus. Na realidade, os sentidos da palavra *apocrypha* refletem o problema que se manifesta nas duas concepções de sua canonicidade. No grego clássico, a palavra *apocrypha* significava "oculto" ou "difícil de entender".
57 A BÍBLIA TEB, 1995, p. 1139.
58 ERASMO, *Livre-arbítrio e Salvação*, 2014, PARTE I, p. 79.

mente livre e capaz de libertar-se por si mesmo dos seus grilhões que lhe aprisionam. Essa definição de livre escolha será a pedra de toque que Lutero utilizará para atacar Erasmo, como será visto posteriormente.

Na sequência de seu texto, Erasmo reconhece, sob este fundamento, que *a vontade humana era tão correta e livre*[59], no caso a vontade de Adão e Eva. Todavia, após a queda no primeiro pecado, *essa força da alma com que julgamos, não importa se a chamas de nous, isto é, 'mente' ou 'intelecto', ou logos, isto é, 'razão', é obscurecida, mas não totalmente extinguida pelo pecado*[60]. Ou seja, Erasmo reconhece a presença do pecado original, posição essa defendida pela igreja, mas também afirma a potencialidade da vontade nessa parte da alma que não foi totalmente atingida pela mácula do pecado. Na perspectiva erasmiana, existe ainda uma área da alma, da moral humana intocada pelo pecado que capacita o homem a buscar sua salvação e a viver eticamente de acordo com os princípios cristãos. Por isso, entende ele, *do mesmo modo naqueles que carecem da graça (estou falando da graça peculiar) a razão foi obscurecida, mas não extinguida, assim é provável que neles a força da vontade tampouco tenha sido completamente extinguida.*[61] A vontade foi danificada, não extinta. O homem pode, por sua vontade livre, chegar-se a Deus, é o que acontece com os filósofos que podem, pela luz da razão,

---

59 Ibid., p. 81.
60 Ibid., id.
61 Ibid., p. 82.

chegar a alguns preceitos do bem viver. É assim que ele pensa em relação à potencialidade da vontade.

O texto de Erasmo, então, prossegue utilizando inúmeras passagens bíblicas do Antigo Testamento, tais como: Gênesis 4. 6 – 7, Deuteronômio 30. 15 – 19, Isaías 1. 19 – 20, etc.; e outras passagens do Novo Testamento, faladas por Jesus Cristo, como por exemplo: Mateus 23. 27, Mateus 19. 17, João 14. 15, etc., além das passagens do apóstolo Paulo em Romanos 2. 4, 1 Coríntios 9. 24, 25; etc., a fim de justificar que a livre escolha está no poder do indivíduo, que tem total capacidade de obedecer para chegar-se à salvação pelos seus próprios méritos.

Na segunda parte de sua obra, Erasmo analisa duas passagens específicas, a fim de justificar escrituristicamente sua posição em relação à livre escolha, são as passagens de Êxodo 9.12 e Romanos 9. 17. Ambas versam sobre o endurecimento do coração do faraó. Em relação à interpretação da passagem no livro do Êxodo, Erasmo entende que *na verdade, o faraó foi criado com uma vontade que podia tomar qualquer dos dois caminhos, e por sua própria vontade ele se voltou para o mal e por sua própria mente ele preferiu seguir o mal a obedecer os mandamentos de Deus.*[62] A despeito de questões hermenêuticas em relação à forma como ele interpretou a passagem veterotestamentária, posição esta criticada por Lutero, o ponto de Erasmo aqui é que o faraó agiu pelo poder de sua livre escolha, mesmo o texto afirmando contrariamente isso. A explicação dada

---

62 ERASMO, *Livre-arbítrio e Salvação*, 2014, PARTE II, p. 107.

por ele soa como forçosa à própria passagem bíblica. O que fica evidente é a tentativa de se estabelecer a vontade humana, no caso aqui a do faraó, como plenamente capaz de agir segundo o bem ou o mal. Dando prosseguimento a sua argumentação, Erasmo, ao tratar a passagem da carta de Paulo aos Romanos, acusa o apóstolo de forma indireta de ter interpretado os textos do Antigo Testamento de forma polêmica. Ele diz: *Essas passagens têm mais força polêmica em Paulo do que nos profetas de onde foram tiradas.*[63] Dessa forma, Erasmo ataca não somente Lutero, mas também o próprio texto bíblico ao colocar o apóstolo Paulo em contraposição aos profetas. Ou seja, ele termina pondo em dúvida a harmonia bíblica e indiretamente a própria autoridade dela.

Mas, na sequência de sua obra, Erasmo vai analisar, na última parte, *a força dos argumentos que Martinho Lutero aduz para solapar a livre escolha*. Aqui, o humanista entra em choque com o agostiniano de Wittenberg. Erasmo ataca as interpretações que Lutero faz das passagens de Gênesis 6. 3 e Isaías 40. 2 sobre os conceitos de "carne" e "espírito", criticando a postura dele em relação à natureza humana nesses termos: *No entanto, essa propensão para o mal que está na maioria dos seres humanos não elimina totalmente a livre escolha, mesmo que o mal não pode ser completamente vencido sem a ajuda da graça divina.* Há dois pontos a serem destacados na argumentação de Erasmo. Primeiro, a persistência na percepção de que no homem

---

63 Ibid., p. 114.

ainda reside, resguardada o poder da vontade, mesmo que essa percepção não possa ser confirmada pela Escritura. Segundo, ele põe a graça divina como auxiliar da vontade na luta contra o mal, mas não dá explicações sobre qual é o papel e em qual medida ela é necessária ou não. Ele prossegue por meio de vários textos tentando refutar a argumentação de Lutero, mas não explica de forma clara e evidente qual é o papel da graça na vontade livre? Ele simplesmente não responde.

Em seu epílogo da obra, Erasmo finaliza tentando estabelecer um meio termo entre ele e Lutero, em que pudesse resguardar a livre vontade. Contudo, não consegue fazê-lo. Seu argumento recai na questão fundamental que implica sustentar uma vontade livre diante de um Deus justo e soberano. Erasmo acha inconcebível a ideia de que um Deus justo permita que homens sejam condenados se suas ações não são livres, mas apenas guiadas pelo pecado. Ele declara:

> Ouvidos piedosos podem admitir a benevolência de alguém que imputa seus próprios bens a nós; mas é difícil explicar como pode ser uma marca de sua justiça (pois nem quero falar de misericórdia) entregar a tormentos eternos outros, nos quais ele não se dignou a operar boas obras, sendo eles próprios incapazes de fazer o bem, já que não têm livre escolha ou, se tiverem, esta não pode fazer nada além de pecar.[64]

---

64 ERASMO, *Livre-arbítrio e Salvação*, 2014, EPÍLOGO, p. 140.

Por essa declaração, Erasmo põe, de forma indireta, no banco dos réus o próprio Deus. Porque ao afirmar que não seria justo condenar alguém que não pudesse ter a possibilidade de agir sem a livre escolha, ele está declarando que Deus condena homens de forma injusta. Com essa postura, ele não está considerando a questão da livre escolha a partir da Escritura, mas simplesmente pela via filosófica. O problema com essa atitude é que a livre escolha dentro dos limites da teologia deve ser tratada e analisada a partir de uma fundamentação bíblica e filosófica, pois analisá-la unicamente por uma via terminará por estabelecer-se uma compreensão equivocada. Essa é a defesa que Lutero fará e que será possível observar mais adiante.

No final, Erasmo apenas critica Lutero pessoalmente. Seus pontos são discutidos unicamente pela perspectiva pessoal, sem considerar as questões de forma mais profunda do ponto de vista filosófico e teológico. Ele chega a afirmar que *depois de seu embate contra Pelágio, Agostinho se tornou menos justo em relação à livre escolha do que havia sido antes dela.*[65] Ele supõe que Santo Agostinho, em relação à livre escolha, mudou de opinião, mas não mostra nenhuma prova textual para sustentar tal afirmação. Nesse sentido, as afirmações erasmianas em relação à posição de Lutero sobre a livre escolha não passam de uma afirmação filosófica infundada, tentando adaptar-se à teologia cristã. Ele concluiu seu texto declarando: *prefiro a visão daqueles que atribuem muito à livre escolha, mas a maior parte à gra-*

---

65 Ibid., p. 143.

ça. Ou seja, ele fica em uma posição ambígua. De um lado, ele não define os limites da graça e o da livre escolha. Por outro, não reflete e não estabelece os limites entre a livre escolha e a soberana vontade de Deus. Essa postura de ambiguidade de Erasmo fez com que Lutero certa vez falasse a seu respeito a seguinte frase, diante de Frederico, o sábio: *Erasmo é um muçum. Só Cristo é capaz de agarrá-lo.*[66]

De agora em diante, passemos a analisar a resposta elaborada por Lutero, mais ou menos um ano depois da publicação desse texto de Erasmo. Lutero irá expor sua posição sobre a temática da livre escolha tomando como fundamento as Escrituras, mas a partir de sua interpretação, ele irá justificar sua concepção de liberdade de forma filosófica, buscando apresentar as causas e os efeitos de suas interpretações e reflexão, não fugindo das consequências de suas afirmações sobre a temática.

2.4 A Liberdade na Obra Da Vontade Cativa.

Lutero inicia seu livro reconhecendo quem era Erasmo e colocando-se diante da disputa com humildade, *não apenas porque me superas de longe em força de eloquência e engenho* (diz ele) – *o que todos nós te concedemos merecidamente, quanto mais eu, um bárbaro que sempre vivi na barbárie.*[67] Tal comentário dá-se, possivelmente, devido ao

---

66 RUPP, E. GORDON. *Introdução*. Em ROTERDÃ, Erasmo. *Livre-arbítrio e Salvação*. Editado por E. Gordon Rupp e Philip S. Watson. Tradução de Nélio Schneider. São Paulo: Editora Reflexão, 2014, p. 28.

67 LUTERO, Martinho. *Da Vontade Cativa*, 1993, I, p. 17.

fato de Lutero ser apenas um monge agostiniano de uma cidade alemã e Erasmo ser o intelectual mais importante da igreja romana, sendo reconhecido por toda a Europa. Todavia, também, logo de início, Lutero não mede palavras para demonstrar seu desprezo ao texto de seu oponente, afirmando que ele atribuiu ao livre arbítrio *mais do que até hoje disseram e atribuíram os sofistas*...e ainda *que é vinculada com tão preciosos argumentos de eloquência, como se rebotalho e esterco fossem transportados em recipientes de ouro e prata.*[68] Lutero é, sem dúvida, um bárbaro diante de Erasmo, e isso pode ser percebido em seu texto. Mas a defesa de Lutero fundamenta-se em três pontos principais. Primeiramente, ele tem consciência de que seu conhecimento bíblico está embasado nas Escrituras, principalmente em Paulo; à semelhança de Santo Agostinho, muito mais do que o texto de Erasmo. É dessa forma que ele se coloca: *Assim, pois, ouso, com Paulo, arrogar a mim o conhecimento e negá-lo a ti com confiança, embora arrogue eloquência e engenho a ti e os negue a mim.*[69] Em segundo lugar, usando exemplos da cultura grega, Lutero declara que não queria entrar em confronto com Erasmo por causa da forma e da fama pela qual ele trata dos assuntos. Lutero diz:

> ...conforme a tua permanente maneira de ser, cuidas com pertinácia para ser escorregadio e ambíguo em toda parte, e, mais cauteloso que Ulisses, pareces navegar entre Cila e Caríbdis: enquanto nada queres

---

68 Ibid., Id.
69 LUTERO, Martinho. *Da Vontade Cativa*, 1993, I, p. 18.

assentir, mas queres, por outro lado, parecer alguém que faz asserções, a que, pergunto, se pode comparar ou cotejar tal gênero de pessoas, a menos que se seja hábil a ponto de agarrar Proteu?[70]

Em terceiro e último lugar, Lutero afirmará que o livre-arbítrio não passa de mentira, pois fica *evidente que o livre-arbítrio não passa de uma mentira, porque [ocorre com ele o mesmo que no] exemplo daquela mulher no evangelho: quanto mais é tratada pelos médicos, pior fica.*[71] É por essa tríplice peneira que Lutero vai analisar e refutar os argumentos de Erasmo em sua *Diatribe*, pela Escritura; especialmente o apóstolo Paulo, pela falta de precisão conceitual e filosófica e, por último, pelas consequências lógicas e filosóficas dos argumentos.

Lutero, então, passa a analisar as afirmações de Erasmo, onde ele faz *distinção entre os dogmas cristãos, inventas que há alguns que é necessário saber e outros não; dizes que alguns são obscuros, outros são patentes.*[72] Essa postura é totalmente condenada por Lutero, justamente porque, na opinião do agostiniano, *por certo* (dirá ele)*, que nas Escrituras há muitas passagens obscuras e abstrusas, não por causa da majestade dos assuntos, mas por causa da ignorância em matéria de vocabulário e gramática.*[73] Parece, aqui, arrogância da parte de Lutero atacar dessa forma um pe-

---

70 Ibid., Id.
71 Ibid., p. 19.
72 Ibid., p. 23.
73 Ibid., p. 24.

rito em matéria de tradução, todavia, o ponto de Lutero é que esse perito não é claro em relação as suas posições e definições, principalmente em se tratando da questão do livre-arbítrio. Pois Erasmo considerava essa questão do livre-arbítrio reservada aos clérigos e, portanto, até mesmo desnecessário para o leigo, enquanto que para Lutero, ela era essencial como ele mesmo afirma: *Nós a consideramos necessária.*[74] Não somente isso, ao falar sobre a ignorância em matéria de gramática, Lutero está atacando a utilização que Erasmo faz da gramática (latina e das línguas originais da Bíblia) de forma conveniente para defender seus pontos de vista e não no auxílio do entendimento do que foi escrito. No fundo, a acusação luterana repousa no fato de Erasmo não definir os limites da vontade humana e divina em relação à salvação eterna, porque:

> Aqui afirmas claramente que a vontade faz alguma coisa naquilo que concerne à salvação eterna, pois a representas como vontade que se empenha; por outro lado, porém, a apresentas como vontade que sofre, pois dizes que é ineficaz sem misericórdia, embora não definas até que ponto se deve entender esse fazer e sofrer e de propósito nos deixas na ignorância sobre o que pode a misericórdia de Deus e o que pode nossa vontade.[75]

Transparece, nessas declarações e em outras mais, o foco e o embate desses dois humanistas, a liberdade hu-

---

74 Ibid., IV, p. 26.
75 LUTERO, Martinho. *Da Vontade Cativa*, 1993, IV, p. 27.

mana, seu poder e seu limite. Por isso, se vê a insistência do agostiniano de Wittenberg na clareza dos argumentos. Porque o que está em jogo é a questão fundamental por excelência de todo o período Humanista-Renascentista, está em jogo as duas visões de mundo desse mesmo contexto e está em jogo duas antropologias, a Clássica e a Cristã. A clareza e precisão das palavras necessitava ser demonstrada, a fim de que todos os que viriam a ler sobre esse embate tivessem a clara percepção dos limites e potencialidades da liberdade humana. Em todo esse debate, se vê a relação entre o ponto de vista filosófico guiando a perspectiva teológica, no caso de Erasmo, e se vê a percepção teológica conduzindo a filosofia no caminho do entendimento de uma liberdade plena, defendida por Lutero. Sob esses termos, então, Lutero justifica-se diante de Erasmo ao dizer:

> Por conseguinte, não é ímpio, impertinente ou supérfluo, mas antes de tudo salutar e necessário que o cristão saiba se a vontade efetua alguma coisa ou nada naquilo que concerne à salvação. Sim, para que o saibas: este é ponto capital de nossa disputa, em torno disso gira o grau dessa questão. Pois tratamos de investigar do que o livre-arbítrio é capaz, o que sofre, de que modo se relaciona com a graça de Deus.[76]

Assim como foi no embate entre Santo Agostinho e Pelágio, vê-se aqui nessa disputa a tentativa de se entender e estabelecer os limites e potencialidades da vontade

---

76 Ibid., p. 29.

humana, dentro da questão da liberdade, tendo por fundamento a questão da salvação eterna, que na perspectiva de ambos, Lutero e Erasmo, constitui-se a maior de todas as liberdades.

Outra questão fundamental que Lutero coloca é a vontade de Deus. Pois, ao que parece, mesmo Erasmo reconhecendo a soberania e imutabilidade de Deus, ele não a considera como ponto capital na questão da potencialidade e limite do livre-arbítrio humano, pois, *tudo o que fazemos* (dirá Lutero), *tudo o que acontece, ainda que nos pareça acontecer de modo imutável e contingente, na verdade acontece de modo necessário e imutável, se consideramos a vontade de Deus.*[77] Ou seja, na perspectiva divina, a liberdade e potencialidade humanas são plenamente previstas e conhecidas. Por isso, dependendo do ponto de vista, humano ou divino, teológico ou filosófico, as perspectivas podem ser alteradas com as conclusões. Lutero, portanto, está chamando Erasmo para dentro dos limites do estabelecimento das doutrinas cristãs ao analisar essa questão. Isso não quer dizer que Lutero estivesse fugindo do debate filosófico ou que ele não tivesse conteúdo filosófico ou cultura clássica suficiente para discutir com seu oponente, que era reconhecidamente o maior humanista de seu tempo. Até porque, nesse debate específico, é Lutero quem utiliza mais a literatura clássica do que Erasmo[78], mostrando, assim, sua erudição. Mas, ao

---

77 LUTERO, Martinho. *Da Vontade Cativa*, 1993, IV, p. 31.
78 MARLOW, A. N., DREWERY, B. *A Linguagem do Debate*. Em ROTERDÃ, Erasmo. *Livre-arbítrio e Salvação*. Editado por E. Gordon Rupp

voltar o foco do debate para os arraiais da teologia cristã, Lutero tinha em mente o público cristão e não a academia. Por isso, interessava a ele esclarecer o fundamento filosófico do que a cristandade já cria, daí a insistência dele para que Erasmo fosse claro e bíblico no que afirmava, em relação à liberdade.

Na sequência da disputa, Lutero continua respondendo às objeções levantadas por Erasmo, agora inquirindo-o: *antes, deve-se dar um nome à criança, como diz o provérbio alemão, deve-se definir o que é essa força, o que faz, o que sofre, o que lhe sucede.*[79] Em outras palavras, ele está exigindo que Erasmo fosse claro quanto ao seu conceito de livre-arbítrio para que, sob este fundamento, eles pudessem estabelecer suas perspectivas em relação à liberdade. Sendo assim, Lutero parte da definição de livre-arbítrio dada por Erasmo[80], que disse: *Ora, por 'livre-arbítrio' entendemos aqui a força da vontade humana pela qual o ser humano pode aplicar-se às coisas que levam à salvação eterna ou delas afastar-se.*[81] Ao analisar essa definição, Lutero aponta que *o termo 'livre-arbítrio' designa propriamente aquele que pode e faz perante Deus tudo quanto lhe apraz, sem ser coibido por nenhuma lei, nenhum domínio.*[82] O que o agostiniano de Wittenberg fez foi levar às últimas

e Philip S. Watson. Tradução de Nélio Schneider. São Paulo: Editora Reflexão, 2014, p. 57.
79 LUTERO, Martinho. *Da Vontade Cativa,* 1993, VII, p. 57.
80 ERASMO, *Livre-arbítrio e Salvação*, 2014, PARTE I, p. 79.
81 LUTERO, Martinho. *Da Vontade Cativa,* 1993, VIII, p. 74.
82 Ibid., Id.

consequências o argumento de seu oponente, colocando-o contra as Escrituras e a própria Lógica.

Usando as Escrituras, especificamente Paulo (1 Coríntios 2. 9), Lutero afirma que *essa vida ou salvação eterna é algo que a compreensão humana não pode captar*[83]. Seguindo seu argumento, ele demonstra, a partir da própria definição de Erasmo que, em última instância, o livre-arbítrio *exalta tão-somente a força de escolher, transformando-a assim em Deus um arbítrio claudicante e semilivre.*[84] Em outras palavras, o conceito de Erasmo coloca nas mãos humanas um poder divino, uma liberdade plena, ao ponto de facultar ao indivíduo a compreensão e a escolha entre a salvação e a condenação, ou o fazer o bem ou negar-se a fazê-lo. Essa consequência lógica do conceito erasmiano é tão grandiosa que Lutero afirma: *É um definidor inteiramente novo e inaudito do livre-arbítrio, que deixa longe atrás de si os filósofos, os pelagianos, os sofistas e todos os demais.*[85] Na percepção luterana, a definição, poder e capacidade do livre-arbítrio de Erasmo é inédita, mesmo esse conceito e temática já tendo sido tratados anteriormente. Por isso, ele persiste na análise do conceito apresentada por Erasmo, a fim de que, por meio dele, fossem estabelecidos os limites e o poder do livre-arbítrio e da liberdade do indivíduo em última instância.

---

83 LUTERO, Martinho. *Da Vontade Cativa*, 1993, VIII, p. 76.
84 Ibid., p. 77.
85 Ibid., Id.

Lutero, então, passa a analisar as passagens citadas por Erasmo na defesa do seu conceito. Ele começa pela passagem de Eclesiástico 15. 14 – 17, mas ressaltando que poderia *recusar esse livro com razão,* (mas que) *por hora aceito*[86], devido ao fato desse livro não fazer parte do cânon dos judeus, entretanto, para revelar o problema do conceito de Erasmo, ele se submete à utilização desse texto não canônico. Ironicamente, Lutero afirma que poderia usar os mesmos argumentos que Erasmo usou ao dizer que *nessa passagem, a Escritura é obscura e ambígua*[87], contudo, ele prefere demonstrar que o argumento de Erasmo é equivocado a partir do texto que ele mesmo utilizou. Indo mais a fundo no texto do seu oponente, Lutero mostra a contradição na definição de livre-arbítrio que, por hora, Erasmo demonstra a debilidade do mesmo e, posteriormente, volta a enaltecer sua potencialidade e liberdade.[88] Partindo dessa contradição erasmiana, Lutero dirá:

> Depois que se admitiu e concordou que, perdida a liberdade, o livre-arbítrio é coagido a servir ao pecado e não pode querer algo de bom, eu não posso conceber a partir dessas palavras nenhuma outra coisa do que isto: o livre-arbítrio é um termo vazio, cuja realidade se perdeu. 'Liberdade perdida' minha gramática chama de nenhuma liberdade, e atribuir

---

86 Ibid., p. 79.
87 Ibid., p. 70.
88 ERASMO, *Livre-arbítrio e Salvação*, 2014, PARTE I, p. 81.

o título da liberdade ao que não tem nenhuma é atribuir-lhe um termo vazio.[89]

Assim, usando a lógica interna do próprio argumento do seu opositor, Lutero mostra que, ao se perder a liberdade, não é possível ter o livre-arbítrio com poder de escolha. Ou seja, a *Diatribe* de Erasmo não refutou Lutero, muito pelo contrário, ela o ajudou e confirmou.

Em seguida, o agostiniano de Wittenberg analisa as demais passagens citadas por Erasmo em defesa do seu livre-arbítrio, agora sobre o enfoque da utilidade da lei. As passagens analisadas foram Gênesis 4.7 e Deuteronômio 30. 15, 19. Na interpretação dessas passagens, Erasmo ressaltará o poder do homem em cumprir as exigências divinas da lei. Todavia, do ponto de vista da interpretação de Lutero, as palavras da lei, tais como as citadas por Erasmo, *sempre se indica o que os seres humanos devem fazer, não o que podem fazer ou fazem.*[90] Novamente, o que se tem aqui é a percepção antropológica de ambos em confronto no terreno da Escritura. Erasmo parte do pressuposto de que a natureza humana pode plenamente obedecer às leis divinas, todavia, Lutero vai na contramão dessa posição, pois afirma que aquilo que o texto exige não implica a capacidade de os indivíduos poderem cumprir e quererem obedecer naturalmente. Por isso, entende Lutero que:

---

89 LUTERO, Martinho. *Da Vontade Cativa,* 1993, VIII, p. 83.
90 LUTERO, Martinho. *Da Vontade Cativa,* 1993, IX, p. 92.

A Escritura, porém, propõe um ser humano que não só está amarrado, é miserável, cativo, enfermo e morto, mas que, por obra de Satanás, seu príncipe, acrescenta a suas [demais] misérias essa miséria da cegueira, de modo que crê ser livre, beato, estar solto, ser potente, são e vivo.[91]

Sendo assim, a posição luterana é irreconciliável com a posição de Erasmo. Mesmo ambos partindo de um terreno comum, as Escrituras, mas tendo olhares distintos em relação à natureza humana. Erasmo é claramente um humanista cristão, ou seja, a filosofia Humanista interpreta ou tem preeminência na interpretação da realidade. Lutero, por sua vez, é um cristão Humanista, pois interpreta toda a filosofia e a própria vida pelas lentes das Escrituras. Por isso, dirá Lutero sobre o poder do livre-arbítrio em cumprir as exigências da lei divina para obtenção da salvação: *Assim, podes ver que não apenas todas as palavras da lei estão contra o livre-arbítrio, mas que também todas as palavras e promessas o refutam completamente, isto é, que toda a Escritura está em desacordo com ele.*[92] Dessa forma, Lutero finaliza sua análise da *Diatribe* de Erasmo sobre as passagens que, segundo seu oponente, fundamentariam o livre-arbítrio no Antigo Testamento e passa a analisar a segunda parte dos textos bíblicos, agora no Novo Testamento.

Com o mesmo método de análise, Lutero passa a avaliar as justificativas neotestamentária utilizadas por

---

91 Ibid., p. 94.
92 Ibid., x, p. 100.

Erasmo para fundamentar seu livre-arbítrio. O agostiniano de Wittenberg afirma que Erasmo busca *as tropas de auxiliares da razão carnal, a saber, inferências e analogias; é como se visses pintado ou sonhasses com um rei das moscas rodeado de lanças de palha e escudos de feno face a face com uma formação verdadeira e regular de homens combativos.*[93] Em outras palavras, Lutero destaca a utilização que Erasmo faz dos artifícios retóricos e filosóficos para interpretar a Escritura na questão do livre-arbítrio, como fantasiosas e vazias de sentido. Essa postura erasmiana será combatida, simplesmente pelo fato de os pressupostos gramáticos e antropológicos serem inadequados para a interpretação da Escritura, salientará Lutero.

Utilizando as passagens do Evangelho segundo Mateus 23. 37 e 19. 17, Erasmo busca saber por quais razões Deus daria uma ordem, se o homem não as pudesse cumprir? Em resposta, Lutero não procura as razões divinas, mas pergunta ao argumento de Erasmo: *que se prova? Acaso a opinião provável que diz que o livre-arbítrio não pode querer o que é bom? Ao contrário: prova-se que a vontade é livre, sadia e capaz de todas as coisas que os profetas disseram. Mas a Diatribe não se encarregou de tal [vontade].*[94] Sendo assim, o argumento de Erasmo volta-se contra ele mesmo pelo fato de não provar a potencialidade da vontade humana diante das exigências divinas. Na verdade, dirá Lutero que todas as vezes em que

---

93 LUTERO, Martinho. *Da Vontade Cativa*, 1993, X, p. 105.
94 Ibid. Id.

aparecem as expressões "se quiseres, se queres" e outras semelhantes no Novo Testamento, estás expressões *indicam claramente coisas impossíveis para as próprias forças, ainda que todas possam ser feitas pelo poder divino.*[95] Portanto, a capacidade do homem em realizar o que é bom e escolher o que é justo e agradável a Deus só pode vir auxiliada pelo poder divino, ou seja, pela graça. O grande ponto aqui é, na opinião de Lutero, saber qual é a potencialidade da vontade antes da intervenção da graça divina no homem por meio da salvação, que ao que parece, Erasmo não fazia essa distinção. Por isso, Lutero diz: *Nós, porém, debatemos sobretudo acerca do livre-arbítrio sem a graça, o qual é ensinado pelas leis e ameaças, ou pelo Antigo Testamento, a autoconhecer-se, para que corra às promessas oferecidas pelo Novo Testamento.*[96] O pensamento luterano mostra que as exigências das Escrituras, especialmente as do Antigo Testamento, não tinham a finalidade de provar a potência da vontade humana em cumprir as prescrições divinas; como pensava Erasmo, mas sim de levar os homens a reconhecer a impotência de sua vontade, para então recorrer às promessas graciosas presentes no Novo Testamento. Erasmo havia entendido tudo de forma equivocada, observa Lutero. E o erro dele residia no fato de olhar para as Escrituras com as lentes das aspirações Humanistas-Renascentistas de seus dias, e não pelas lentes da própria Escritura.

---

95 Ibid., p. 107.
96 Ibid., XI, p. 109.

Sendo assim, na sequência de seu texto, Lutero vai atacar seu oponente justamente pela via da forma como ele interpreta a Escritura. Lutero defendia que se devia *ficar preso por toda a parte à simples, pura e natural significação das palavras que a gramática e o uso do falar criado por Deus nos seres humanos possuem.*[97] Ou seja, a gramática e o contexto da própria Escritura possuíam a interpretação simples e naturalmente compreendida por todos em relação à salvação. Mas Erasmo, com sua *Diatribe*, ao que parece, atribuía inferências e figuras que não faziam parte do texto bíblico, além de alterar o significado de algumas palavras a fim de defender sua posição no debate. Essa é a acusação luterano contra seu opositor. Ao apelar para a simplicidade natural do texto, Lutero acaba demonstrando os limites e fundamentos essenciais para o debate, *afinal de contas* (dirá ele), *nosso acordo é de que não queremos debater baseados na autoridade de algum doutor, mas tão--somente na autoridade da Escritura.*[98] As Escrituras, portanto, seriam o árbitro dessa disputa, pois, mesmo que se citassem doutores, como ambos fizeram, o crivo que determinaria a veracidade das alegações não seriam eles, mas a própria Escritura. Nesse sentido, Lutero pode definir sem meias palavras, como lhe é peculiar, que o livre-arbítrio é *igualmente impotente em todos os seres humanos, que é tão--somente argila e terra não cultivada, de modo que não é capaz de querer o bem.*[99] Essa percepção da debilidade da

---

97 LUTERO, Martinho. *Da Vontade Cativa*, 1993, XI, p. 117 e 118.
98 Ibid., p. 121.
99 Ibid., XII, p. 124.

natureza humana veio claramente das Escrituras, já que, do ponto de vista Humanista-Renascentista, não existe uma maldade intrínseca no indivíduo. Contudo, dentro da perspectiva defendida por Lutero, *deste ser humano, de tal maneira corrompido, nasceram todos os ímpios... como diz Paulo: 'Éramos por natureza filhos da ira, assim como os outros.' (Efésios 2. 3).*[100] Portanto, aqui está a explicação luterana da causa da ineficácia do livre-arbítrio e o motivo pelo qual ele não pode fazer o bem, essa impossibilidade consistia na herança do pecado de Adão, ou seja, a herança do pecado original.

Lutero, então, passa a expor e a defender a onipotência de Deus na direção das vontades humanas, tanto para o bem como para o mal. Tema esse que, ao que parece, deixava Erasmo incomodado pelo fato dele tentar explicar essa relação unicamente por meio da razão. Pois a *Diatribe* parece até mesmo admitir a onipotência de Deus, contudo, nas implicações e explicações dadas por Erasmo em relação ao poder do livre-arbítrio, ele não a admite plenamente. Com a finalidade de explicar a relação entre a natureza corrompida do ser humano e a onipotência de Deus, Lutero expõe seu entendimento nos seguintes termos:

> Portanto, o defeito está nos instrumentos aos quais Deus não permite ser ociosos; por isso, o mal acontece porque o próprio Deus o põe em movimento. É exatamente como se um carpinteiro cortasse mal

---

100 Ibid., p. 127.

com um machado cheio de rebarbas e dentado. Daí resulta que o ímpio não pode senão errar e pecar sempre, pois, movido pela apropriação da potência divina, não se olhe consente ser ocioso, mas quer, deseja e age de modo correspondente ao que ele é.[101]

O que Lutero está explicando é que, quando o homem age segundo o mal, no caso do exemplo bíblico citado por Erasmo, o faraó do Egito, Deus apenas solta as amarras da sua graça deixando o homem agir segundo a vontade de sua própria natureza. Quando isso ocorre, o resultado é sempre o mesmo, o mal em ações, pensamentos e palavras. Sendo assim, qualquer atitude que o homem intente em fazer por seu livre-arbítrio, aos olhos de Deus, constitui-se em um mal, porque o seu livre-arbítrio é impotente. Diante de tal constatação, Lutero levanta a seguinte hipótese: e se Deus desistisse de usar sua onipotência com a qual ele move as vontades dos homens? A resposta luterana é: *isso significaria desejar que Deus deixe de ser Deus.*[102] O raciocínio é simples, se Deus renunciar a sua onipotência que atua nas vontades dos homens de acordo com sua própria vontade, isso significa que ele automaticamente deixaria de ser Deus, pois estaria sujeito ou dependente do arbítrio de cada indivíduo.

Pensar a onipotência de Deus e a liberdade do homem é uma questão difícil, confessa Lutero. Todavia, o que está em jogo, afinal, quando se trata dessas questões e

---

101 LUTERO, Martinho. *Da Vontade Cativa*, 1993, XII, p. 128.
102 Ibid., p. 131.

suas implicações? Lutero responderá: *Em questões profanas, esta manha e astúcia pode ser tolerada; em um assunto teológico, porém, onde se busca a simples e aberta verdade em favor da salvação das almas, ela é extremamente odiosa e intolerável.*[103] Em outras palavras, abordar a questão da potencialidade da vontade apenas pelo aspecto filosófico pode ser levada como especulações da razão e suas implicações lógicas são apenas teóricas e nada tem a ver com a realidade, todavia, quando a questão é tratada sob o prisma da teologia cristã, ou seja, na relação do indivíduo com Deus e a forma pela qual os homens tornam-se agradáveis a Deus e são salvos por ele, então, dirá Lutero que a questão ganha ares bem mais sérios, pois se trata do destino eterno dos indivíduos. Por isso, adverte Lutero contra a tentativa de se aceitar *os ditos ímpios dos homens como regras e medidas da Escritura Divina.*[104], eles não consideram a questão pela perspectiva da salvação. Eis o problema e divergência entre os dois. Erasmo não via problema ou até mesmo não fazia diferenciação entre as perspectivas Humanistas-Renascentistas influenciarem na interpretação de textos sagrados, mas para Lutero, essa relação deveria ser evitada quando os pontos de vista entrassem em choque. Sendo assim, *para Lutero, primeiro deveria vir a fé propriamente dita e, só depois, a filosofia seria colocada no seu devido lugar.*[105]

---

103 Ibid., p. 141.
104 LUTERO, Martinho. *Da Vontade Cativa*, 1993, XII, p. 142 e 143.
105 CAVACO, 2016, p. 57.

Na sequência de sua obra, Lutero passa a confrontar a forma como Erasmo interpreta a analogia do oleiro e dos vasos feita pelo apóstolo Paulo em Romanos 9 e 2 Timóteo 2. 20. O ponto central da discórdia é que na ótica de Erasmo, não cabe a ideia de que Deus (o oleiro) tenha feito homens (vasos) e não os deixasse livres para escolherem fazer o mal ou o bem, mas Deus os fez vasos, que conforme suas escolhas livres, eles pudessem tornar-se bons ou maus. Na contramão desse pensamento, Lutero já havia respondido que Deus, ao deixar o homem seguir sua própria vontade livremente, este agiria sempre segundo o mal, devido à corrupção de sua natureza por ser herdeira da primeira corrupção de seus pais. Então, a partir desses termos, Lutero entende que a *Diatribe* tem um problema central, ela não deixa Deus ser Deus. Isso acontece quando Erasmo tenta estabelecer regras pelas quais Deus deveria agir a fim de que o livre-arbítrio fosse preservado intacto. Por causa disso, Lutero diz: *Aqui reclamam que Deus aja de acordo com o direito humano e que faça o que lhes parece justo, ou que deixe de ser Deus.*[106] Possivelmente, essa postura erasmiana se dá devido ao fato dele tratar a questão da inclinação e corrupção da natureza humana como algo simplório, todavia, na perspectiva luterana, ela vai em uma direção oposta. Para o agostiniano de Wittenberg, entretanto:

> ... a inclinação ou propensão para o mal parece
> uma coisa de pouco peso para a Diatribe – como

---

106 LUTERO, Martinho. *Da Vontade Cativa*, 1993, XII, p. 150.

se estivesse ao alcance de nosso poder suscitá-la ou coibi-la, ao passo que a Escritura quer indicar com essa inclinação aquele constante arrebatamento e ímpeto da vontade para o mal.[107]

Sendo assim, toda a vontade e inclinação humana, do ponto de vista do reformador de Wittenberg, é propensa e arrastada pela própria natureza a fazer apenas o mal, apartada de Deus. Portanto, o livre-arbítrio constitui-se em nada sem a graça divina, essa é a posição defendida por Lutero. Entretanto, a posição seria outra se considerasse a natureza humana boa e não inclinada totalmente ao mal, como pensa Erasmo. Do ponto de vista Humanista-Renascentista e pela ótica da potencialidade da vontade em realizar o bem, as obras humanas seriam boas, essa é a hipótese que Lutero levanta:

> No entanto, peço que façamos de conta que a opinião da *Diatribe* é válida, e que nem todo o afeto é carne, ou seja, ímpio, mas que isto que se chama de "espírito" é honesto e são: vê quantos absurdos resultam disso, certamente não para a razão humana, mas em toda a religião cristã e nos mais elevados artigos de fé.[108]

Dessa forma, a depender da posição que se tenha em relação à antropologia, a percepção da liberdade ou da livre escolha diante do que é bom e do que pode agradar a

---

107 Ibid., XIII, p. 157.
108 LUTERO, Martinho. *Da Vontade Cativa*, 1993, XIII, p. 166.

Deus ou mesmo em relação aos méritos ou deméritos para a salvação, toma sempre caminhos diametralmente opostos e irreconciliáveis. Entende-se, por isso, a trajetória de ambos os pensadores serem irreconciliáveis.

O propósito de Lutero persiste quando contesta as interpretações de Erasmo, não deixando escapar o foco do debate, ou seja, o poder do livre-arbítrio, *pois, como dizem, não falamos sobre o ser da natureza, e, sim, sobre o ser da graça.*[109] Em outros termos, Lutero está em todas as suas afirmações, interpretações e contestações ao texto erasmiano, voltando seus olhos para o auxílio necessário da graça de Deus na vontade do indivíduo, para que mediante esse auxílio indispensável, o homem venha a realizar ações boas. Nada poderia ser mais ofensivo à filosofia Humanista-Renascentista do que a negação veemente da liberdade da vontade do homem. Mas essa é justamente a defesa de Lutero, *quando se enaltece a graça e se prega o auxílio da graça prega-se, simultaneamente, a impotência do livre-arbítrio.*[110] Não existe meio termo, nem muito menos meias palavras, em se tratando do papel do livre-arbítrio em relação à salvação e as boas obras. Sob esse mesmo prisma, se entende *que o livre-arbítrio nada mais é que o supremo inimigo da justiça e da salvação humana*[111], mas por qual razão Lutero faz tão grave afirmação em defesa de seu ponto? Duas possíveis respostas aparecem aqui. A primeira é

---

109 Ibid., p. 175.
110 Ibid., p. 179.
111 Ibid., p. 184.

a que ele vem defendendo ao longo de seu texto, quando declara que pelo fato da natureza humana ser impotente, então o livre-arbítrio não tem poder algum e, em segundo lugar, há uma defesa da integridade da mensagem do texto bíblico, especialmente o texto paulino, *pois se resta um esforço bom, é falso o que ele* (Paulo) *diz – que estão debaixo do pecado.*[112] Sendo assim, o entendimento de Erasmo sobre o livre-arbítrio encontra-se em guerra contra o entendimento bíblico da natureza humana e do poder de sua vontade. Nesse contexto, Lutero questiona seu opositor, a fim de que ele revele aos seus presentes e futuros leitores todas as nuances de seu pensamento sobre essa temática, nos seguintes termos:

> Agora: que pode ditar de correto uma razão cega e ignorante? Que pode escolher de bom uma vontade má e inútil? E mais: que pode buscar uma vontade à qual a razão nada dita, exceto as trevas de sua cegueira e ignorância? Por conseguinte: com uma razão imersa em erro e uma vontade desviada, que pode fazer de bom ou pelo que pode esforçar-se o ser humano?[113]

Essas questões apresentadas por Lutero visavam tão somente conduzir Erasmo irremediavelmente à compreensão de que Paulo e toda a Escritura tem por finalidade *tornar a graça necessária para todos os seres humanos.*[114] E por

---

112 LUTERO, Martinho. *Da Vontade Cativa*, 1993, XIII, p. 185.
113 Ibid., p. 187.
114 Ibid., Id.

"necessária" deve-se entender algo que é imprescindível e não apenas auxiliar, como pensava ele. Não existe espaço para o livre-arbítrio na salvação eterna. Não existe força na vontade que leve o indivíduo a agir de forma que satisfaça as exigências da lei divina e consequentemente o façam merecedor da salvação. Por isso, dirá Lutero:

> Deixo de lado aqueles argumentos mais fortes extraídos do propósito da graça, da promessa, da força da lei, do pecado original, da eleição de Deus, entre os quais não há um sequer que não anulasse completamente o livre-arbítrio por si só. Pois, se a graça procede do propósito ou da predestinação, necessariamente não procede de nosso empenho ou do esforço, como ensinamos acima.[115]

Lutero leva às últimas instâncias sua defesa da graça em contraste com o livre-arbítrio de Erasmo, com a finalidade de enfatizar que *o pecado original não deixa outra possibilidade ao livre-arbítrio a não ser pecar e ser condenado.*[116] Em outras palavras, Lutero está afirmando que todo indivíduo, letrado ou não, sábio ou ignorante, rico ou pobre, homem ou mulher naturalmente não quer e não pode sujeitar-se às exigências da lei divina. *Por essa razão* (dirá Lutero) *o livre-arbítrio não é outra coisa do que escravo do pecado, da morte e de Satanás, nada fazendo nem podendo fazer senão praticar ou intentar o mal.*[117] Por isso, não é

---

115 Ibid., XIV, p. 199.
116 Ibid., p. 200.
117 Ibid., p. 202.

uma questão apenas de cunho filosófico especulativo, para Lutero é uma questão fundamentalmente de vida ou morte eternas. Porque, se o conceito de Erasmo estivesse correto do ponto de vista teológico, afirmará Lutero: *esvazias a Cristo e arruínas toda a Escritura.*[118] Pois, se o livre-arbítrio da vontade tem o poder de agir por si mesmo de forma livre, escolhendo a Deus ou resistindo-o, então, o sacrifício de Cristo e a mensagem da Escritura tornaram-se vazios.

Mas, afinal de contas, como Lutero entende a liberdade? A liberdade é apresentada a partir de diferentes ângulos. Isso se dá justamente pelo contexto no qual o reformador estava envolvido. Sendo assim, para compreender seu ponto de vista sobre o tema central do Humanismo-Renascentista e da própria Reforma iniciada por ele, deve-se tentar observar a liberdade do ângulo pelo qual ele estava observando quando tratou desse conceito.

Lutero entendia, sem sombra de dúvidas, que a Escritura afirmava a liberdade, independente das tradições humanas e leis.[119] Por essa afirmação, deve-se entender que a liberdade não estava sendo negada pela fé cristã, por mais que a Igreja Católica Apostólica Romana tentasse contê-la dentro de seus limites juntamente com o homem, sua vida e fé. Por isso, Lutero bradou com força a liberdade sendo legitimada pela própria Escritura, mesmo que a instituição religiosa majoritária estivesse tentando negá-la aos indivíduos. Pois se as instituições humanas tentam amarrar e im-

---

118 LUTERO, Martinho. *Da Vontade Cativa*, 1993, XIII, p. 207.
119 Ibid., V, p. 41.

pedir a liberdade dos indivíduos, Deus os liberta por meio da Palavra escrita e do Evangelho.[120] Sob esse pressuposto de que a liberdade era legitimada e afirmada pela palavra é que *a importância destes assuntos não se circunscrevia aos profissionais da religião, mas pertencia ao dia a dia das pessoas, estando relacionado com a salvação delas.*[121]

Todavia, o homem estava envolto em trevas. Trevas que não estavam apenas nas instituições, mas principalmente dentro dos indivíduos, ou mais ainda, era um estado naturalmente presente em todo o gênero humano.[122] O pecado original havia posto todos os seres humanos debaixo do mesmo jugo, o jugo da cegueira, da escravidão do pecado e, por conseguinte, da escravidão da vontade. Por isso, entendia Lutero que sem o despertamento dado pelo Espírito de Deus, tais homens permaneceriam nas trevas do engano achando-se livres, quando na verdade eram apenas escravos.

Cristo, portanto, é o único que pode dar ao homem sua plena liberdade. Liberdade essa composta por duas partes. A libertação do cumprimento obrigatório da lei de Deus para a salvação, que acusava os homens e os condenava, e a libertação do domínio do pecado que escravizava as vontades dos homens.[123] Portanto, quando liberto por Cristo, o homem passa a desfrutar de uma liberdade que

---

120 Ibid., p. 43.
121 CAVACO, 2016, p. 45.
122 LUTERO, Martinho. *Da Vontade Cativa*, 1993, VII, p. 71.
123 LUTERO, Martinho. *Da Vontade Cativa*, 1993, XIII, 159.

começa na consciência e estende-se por suas ações. Por isso, dirá Lutero: *O cristão é senhor livre sobre as coisas e não está sujeito a ninguém. Um cristão é um servo prestativo em todas as coisas e está sujeito a todos.*[124] Esse homem, verdadeiramente livre, tem condições de, auxiliado pela graça, escolher o que é melhor para si mesmo e para o próximo. Essa perspectiva de Lutero sobre a liberdade e servidão desse homem renascido pelo Humanismo-Renascentista e pela Reforma faz com que a própria noção de homem fosse retomada, mas não com as mesmas bases da Antiguidade Clássica. Lutero, porém, *continuava a definir o ser humano como a soma de um cristão com um mundano: o mundano, sujeito às dominações, submisso aos príncipes, obediente às leis; o cristão, libertado das dominações, livre, de fato, sacerdote e rei.*[125] Nesses termos, somente o cristão é livre. Pois não se trata apenas de uma liberdade civil, religiosa ou intelectual, mas sim de uma libertação pessoal, de dentro para fora. Em outros termos dirá Lutero: *isso não significa apenas a remissão dos pecados, mas também o fim da milícia, o que é simplesmente isto: suprimida a lei que era o poder do pecado e perdoado o pecado que era o acúleo da morte, eles reinariam em dupla liberdade mediante a vitória de Jesus Cristo.*[126]

A liberdade e a identidade do homem foram os temas centrais não apenas do Humanismo-Renascentista,

---

[124] LUTERO, Martinho. *Da Liberdade Cristã*, 2016, I, p. 7.
[125] FEBVRE, 2012, p. 261.
[126] LUTERO, Martinho. *Da Vontade Cativa*, 1993, XIII, p. 159.

mas também da Reforma, porque, nesse período, *o homem torna-se um indivíduo espiritual e se reconhece enquanto tal.*[127] E foi justamente nessa dinâmica de libertação que o homem passou a se reconhecer como indivíduo. Não somente isso, mas ao que parece, *sempre se teve a noção lógica do que é a humanidade, mas o Renascimento foi o primeiro a saber verdadeiramente do que se tratava.*[128] Esses homens buscaram, na Antiguidade Clássica, respostas para suas novas indagações sobre si mesmo, sua autonomia e liberdade que o Período Medieval não havia dado respostas satisfatórias sobre esses temas, ou até mesmo, nem havia se preocupado com eles. Todavia, a busca pela liberdade e pelo indivíduo vislumbrada pelos pensadores desse período tinham ares gregos, platônicos, clássicos etc., que só enxergavam esses ideais nos limites do próprio indivíduo e da esfera política. Nesse ponto, percebe-se, então a singularidade do pensamento de Lutero, que pela via teológica, conseguiu, mesmo sem buscar uma reforma política e social[129], transformando a visão dos indivíduos acerca de si mesmos e até mesmo a visão de mundo do seu tempo, por meio de suas ideias.

A liberdade defendida por Lutero era mais profunda do que a autonomia individual e coletiva ou a liberdade produzida pela política. De fato, *reforma e liberdade... é certo que ele sacudira, com temível vigor, o jugo do papa, o*

---

127 BURCKHARDT, 1991, p. 111.
128 BURCKHARDT, 1991, p. 258.
129 FEBVRE, 2012, p. 254.

jugo da igreja. Libertara plenamente aqueles que o tinham seguido.[130] Contudo, não se pode esquecer que ele *era um arauto da Palavra.*[131] Dito de outra forma, Lutero era um cristão que buscava viver aquilo que anunciava. Ele não se enquadrava, nem mesmo pretendeu ser um revolucionário político. Ele buscava individual e pessoalmente ser um cristão. Mas é justamente nessa falta de pretensão revolucionária que residiu a potencialidade de seu conceito sobre a liberdade. Pois, se os demais Humanistas-Renascentistas buscavam sua liberdade, identidade e autonomia dentro de si mesmos ou na tradição clássica, como já foi frisado anteriormente, Lutero toma a via oposta.

A liberdade que Lutero procurava estava primariamente em Deus e não nos escritos dos filósofos clássicos como pensavam os Humanistas-Renascentistas. Lucien Febvre nos diz a esse respeito: ... *o agostiniano sai em guerra, violentamente, contra Aristóteles que ensina uma vontade livre, uma virtude que depende do homem.*[132] Lutero não enxergava dessa forma. Ele sabia, interiormente, que a liberdade almejada deveria ser iniciada por Deus no coração do homem, para que posteriormente esse pudesse agir livremente. Na perspectiva do agostiniano de Wittenberg, se Cristo não libertar o homem, este nunca poderá verdadeiramente ser livre, e consequentemente, nunca provará a verdadeira autonomia.

130 Ibid., p. 314.
131 Ibid., p. 255.
132 Ibid., p. 87.

A Reforma iniciada por Lutero tinha como meta a verdadeira liberdade. Essa liberdade era, ao contrário do que os Humanistas-Renascentistas pensavam, impossível de ser alcançada pelo indivíduo, mesmo sendo este um erudito, filósofo ou papa. A liberdade verdadeira encontrava o indivíduo, tomava-o de assalto. A liberdade verdadeira não era uma retribuição meritória, nem muito menos uma consequência lógica de uma mente elucidada e habituada à virtude. Ela é unicamente doada graciosamente por Cristo ao coração dos seus eleitos, assim pensava Lutero, como um bom agostiniano. E, no seu caso específico, assim como no caso do próprio Santo Agostinho, Lutero foi alvo dessa graça imerecida que o libertou do medo e lhe deu o que tanto buscava quando entrou no mosteiro agostiniano, como conta Lucien Febvre: *Ele estava ávido não por doutrina, mas por vida espiritual, paz interior, certeza libertadora, por quietude em Deus.*[133] Em Deus, Lutero encontrou a verdadeira liberdade, que defenderia pondo a própria vida em risco, diante de reis e papas. Uma liberdade que começa em Deus, transforma o indivíduo, para que livremente possa tornar-se servo dos outros em amor. Nada mais longe do conceito desenvolvido pelos pensadores Humanistas-Renascentistas de seu tempo. Justamente porque a liberdade defendida por esses pensadores irremediavelmente os conduzia a si mesmos. Mas a liberdade de Lutero não.

---

133 FEBVRE, 2012, p. 64.

Um outro ponto a ser lembrado aqui e que, de certa forma, esclarece o porquê da liberdade defendida por Lutero ser tão peculiar dentro da conjuntura em que ele a defendeu, ou seja, em um contexto onde essa noção era passível de ser alcançada pelo poder da razão e pela autonomia dos indivíduos, ele vai pensá-la a partir do pressuposto da impotência, enfermidade e escravidão da vontade humana. Lutero torna-se, nesse sentido, uma voz dissonante do movimento Humanista-Renascentista. Em sua defesa, pessoal e íntima, da liberdade, ele alega que pelo fato da vontade ou livre-arbítrio estar enfermo e ser totalmente escravizado pelas paixões devido a sua condição natural de sujeição, devido ao pecado original, o homem nunca poderia pelos seus próprios méritos, força, poder ou vontade liberar-se por si mesmo do seu jugo. A única saída que caberia aos indivíduos seria lançar-se aos pés de Cristo para receber deste a sua justiça que os libertaria definitivamente. E, desse momento em diante, ele poderia e desejaria agir segundo o bem, porque foi liberto e por ser auxiliado pela graça, poderia enfim agir de conformidade com a vontade de Deus. Esse indivíduo, que passou por todo esse processo de reforma interior, torna-se o homem pleno e ideal que os Humanistas-Renascentistas tanto buscavam, mas em uma fonte errada.

A liberdade, segundo Matinho Lutero, é uma dádiva graciosa da parte de Deus, para aqueles a quem ele mesmo quis libertar, justificar e salvar. Essa liberdade não se estende apenas no âmbito pessoal ou externo, ela vai de dentro para fora, transformando o indivíduo a partir da doação de uma nova natureza, que consequentemente produz no indivíduo uma nova perspectiva, ou melhor dizendo, um retorno sincero dentro de si para então externalizar essa liberdade no serviço ao outro. A verdadeira liberdade provada e entendida por Lutero é uma via de mão dupla. Essa liberdade é verticalmente dependente da intervenção graciosa de Deus, pois de outra forma não poderia ser executada. Mas também é horizontalmente dependente do outro, já que ela se completa no serviço voluntário ao próximo.

O debate entre Erasmo e Lutero constituiu-se uma retomada da mesma problemática da época dos Pais da Igreja, representados por Santo Agostinho e Pelágio, e seus discípulos. Entretanto, pode-se até mesmo ser ousado assim como Tiago Cavaco e dizer que *o embate entre Erasmo e Lutero é o embate de todas as discussões acerca da liberdade humana.*[134] Mas, por quê? Nesse debate, esgota-se todas as questões principais, bem como nele, também temos o embate da Filosofia Clássica contra o Cristianismo Primitivo. Mesmo hoje, não seria possível estabelecer outros pontos de vistas que fossem minimamente originais diante da abrangência que esta discussão teve.

Agora, tendo em vista o objetivo deste livro, passemos a analisar a forma como João Calvino entende a liberdade.

---

134 CAVACO, 2016, p. 70.

CAPÍTULO 3

COMO JOÃO CALVINO ENTENDE A LIBERDADE

Na mesma esteira de Martinho Lutero, o francês João Calvino também reflete sobre a liberdade pelas lentes da soberania de Deus como critério para a análise do homem. Daí a importância de se estudar essa temática pela pena desse reformador. É imprescindível destacar, e ter em mente, enquanto se caminha na tentativa de entender a perspectiva do autor sobre a liberdade, o fato de que ele era fundamentalmente um pastor, um homem religioso. Por isso, a percepção da liberdade que ele desenvolveu está intrinsecamente ligada à sua teologia. Cabe, portanto, cautela na separação e extração do seu pensamento sobre a liberdade dentro de seus textos teológicos, com a finalidade de se perceber seu enfoque filosófico.

Calvino nasceu em Noyon na Picardy francesa. Era filho de um tabelião, o que possibilitou seus estudos. Iniciou seus estudos humanistas na Universidade de Paris, onde encontrou o humanista Guillaume Cop. Logo depois, foi estudar direito, a pedido do seu pai, nas Universidades de Orleans e posteriormente transferindo-se para a Universidade de Bourges. Em 1532, elaborou um comentário sobre o *'De Clementia'*, de Sêneca, *que marcou o ápice da influência humanista sobre sua vida.*[1] Com esse comentário, percebe-se sua formação, escritos e atitudes comprovadamente Humanistas.[2] Todavia, ao converter-se, provavelmente entre os anos de 1533 e 1535 por influência do seu primo Pierre Olivetan, mudou completamente suas perspectivas de vida e reflexão. Em 1536, redigiu sua principal obra *As Institutas da Religião Cristã* com 26 anos de idade.[3] Esse livro foi enviado ao rei Francisco I, da França, com uma carta a fim de que cessassem as perseguições aos adeptos do protestantismo francês. Entende-se, a partir desse contexto, que a principal obra de Calvino foi produzida em meio a tempos de perseguições, equívocos e confusões, como observa Lucien Febvre, ao destacar que: *Foi então que se levantou um homem. E apareceu um livro. O homem: João Calvino. O livro: A Instituição Cristã.*[4] Calvino e sua obra marcam decisivamente o pensamento da Reforma do século XVI na consolidação e organização de seus fundamentos.

Nesse sentido, *Calvino pode ser apontado como o líder de segunda geração de Reformadores*[5], não somente isso, ele pode seguramente ser considerado o *organizador por excelência do protestantismo.*[6] Pois, mesmo em tempos

---

1 CAIRNS, 1995, p. 252.
2 COSTA, Hermisten Maia Pereira da. *João Calvino: O Humanista Subordinado ao Deus da Palavra – a Própósito dos 490 Anos de Seu Nascimento*. Fides Reformata, n. 4, vl. 2, 1999. P. 164.
3 CAIRNS, 1995, p. 252.
4 FEBVRE, 2002, p. 15.
5 CAIRNS, 1995, p. 251.
6 CAIRNS, 1995, p. 251.

turbulentos, ele levantou-se como aquele que deu corpo ao pensamento da Reforma, já que Lutero, mesmo escrevendo consideravelmente e Philipp Melanchthon tendo produzido uma teologia que expressava os valores defendidos pela Reforma, estes não formaram um corpo doutrinário que cobria todos aspectos da vida cristã, essa tarefa foi efetuada por Calvino. É nesses tempos conturbados e de acomodação do pensamento da Reforma que Calvino organiza a cidade de Genebra como refúgio intelectual e religioso desse movimento para todos os que fugiam das perseguições religiosas daquele período. Essa cidade funda-se *num duplo princípio: a honra do Senhor e o serviço.*[7] Sob este duplo princípio é que ele vai elaborar, dentro do seu pensamento, a noção de liberdade, ao observar que *a economia da salvação remete primeiramente à liberdade absoluta do criador.*[8] Ou seja, sob a ótica de Calvino, Deus deve ser considerado primeiro para que o homem fosse entendido adequadamente como indivíduo e reconhecesse seu lugar no mundo. Como observa André Biéler, *o homem é homem na medida em que permanece sujeito a seu criador... ele perde a liberdade tão logo, na tentativa de buscar seu próprio eu e sua liberdade, se afaste de Deus que é sua liberdade.*[9] Em Deus, portanto, o homem encontra-se consigo mesmo e com seu papel no mundo. A liberdade, então, deve ser observada dentro do contexto teológico, especificamente, segundo o Dr. Marcos Azevedo, *nas di-*

---

7   VÉDRINE, 1996, p. 63.
8   Ibid., Id.
9   BIÉLER, 1970, p. 15.

mensões antropológica, cristológica, soteriológica e eclesiológica[10], pois é nessas dimensões que a liberdade decorre, segundo a visão de Calvino.

Mas onde Calvino expressa seu pensamento sobre a liberdade? Basicamente, pode-se encontrar suas percepções em todos os seus escritos, contudo, fica mais evidente na sua principal obra, *As Institutas da Religião Cristã*. E nestas, no volume I, capítulos I e II, e no volume 4, capítulo XIV, além do seu comentário à carta do apóstolo Paulo aos Romanos e aos Gálatas. É importante destacar que todas as obras desse pensador têm como foco principal a elaboração de um fundamento racional e doutrinário para a cristandade protestante. Com isso, não se quer dizer que ele não tenha nenhuma contribuição filosófica, já que se trata de um Humanista, apenas que se deve ter o cuidado de perceber as nuances teológicas e filosóficas dentro do seu texto.

3.1 A Liberdade na Obra Institutas da Religião Cristã, Volume 1, Capítulo 1.

Calvino abre seu texto destacando que *a soma total da nossa sabedoria, a que merece o nome de sabedoria verdadeira e certa, abrange estas duas partes: o conhecimento que se pode ter de Deus, e o de nós mesmos.*[11] Essa fórmula destaca o conhecimento como sendo integral, composto

---

10 AZEVEDO, 2009, p. 22.
11 JOÃO CALVINO, *Institutas da Religião Cristã, Volume 1, I, 1*, p. 55.

por duas partes complementares e inseparáveis. Deus deve ser considerado primeiro na apreciação da razão na busca da sabedoria, porque Ele é *a fonte de toda verdade, sabedoria, bondade, justiça, juízo, misericórdia, poder e santidade... tudo dele procede.*[12] Nesse sentido, entende Calvino que todo conhecimento e sabedoria pelos quais o homem percebe toda a realidade e usufrui dela para seu bem e o bem do outro tem origem em Deus e, portanto, sem ele não há sabedoria ou conhecimento adequando da própria estrutura da realidade. A segunda parte dessa fórmula inicial lembra a indagação socrática feita a Eutidemo *conhece-te a ti mesmo?*[13], pois este conhecimento de si mesmo funda a busca por excelência do Humanismo-Renascentista e até mesmo da própria filosofia. Essa ligação é clara, porque *humanistas e reformadores estavam, pois, na busca do homem verdadeiro.*[14] Calvino expressa essa busca na abertura de sua principal obra, mas com um enfoque novo, no sentido de colocar esse conhecimento de si atrelado à percepção da necessidade de seu complemento, ou seja, o conhecimento de Deus. Por isso, deve-se entender que *para Calvino, os conhecimentos são correlatos, não formando uma dicotomia, mas uma unidade que expressa a identidade da revelação... esse conhecimento mútuo sustentará, na verdade, a essência da liberdade humana.*[15]

---

12 Ibid., *Volume 1, I*, p. 55.
13 PLATÃO, XENOFONTE, ARISTÓFANES, *Ditos e Feitos Memoráveis de Sócrates - Xenofonte*, Livro IV, II, p. 171 e 172.
14 BIÉLER, 1970, p. 11.
15 AZEVEDO, 2009, p. 170 e 171.

Essa sabedoria verdadeira que abrange o conhecimento completo e integral, proposto por Calvino, leva o homem inevitavelmente a olhar para si, todavia, *cada um de nós não somente é instigado pelo conhecimento de si próprio a buscar Deus, mas é como que levado pela mão ao seu encontro.*[16] Em outros termos, o conhecimento de si conduz o homem ao conhecimento de Deus, e o conhecimento de Deus leva o indivíduo ao conhecimento de si mesmo. Não há separação, não há dicotomia, o conhecimento integral leva o homem a Deus e a si mesmo. Sob estes fundamentos iniciais, é possível afirmar, com André Biéler, que:

> Calvino foi, portanto, um humanista. E o foi no seu mais alto grau porque, ao conhecimento natural do homem pelo próprio homem, acrescentou, sem confundir, o conhecimento do homem que Deus revela à sua criatura através de Jesus Cristo. Não se tratava, pois, de dar as costas ao humanismo e sim de suplantá-lo dando-lhe talvez as suas mais amplas dimensões. De um conhecimento puramente antropocêntrico, Calvino queria passar ao conhecimento do homem total, cujo centro se localiza no mistério de Deus.[17]

A perspectiva levantada por Calvino em relação à sabedoria verdadeira composta por esses conhecimentos complementares mostra, em primeiro lugar, uma dependência da natureza humana em relação ao seu Criador. Pois, é notório (dirá Calvino) *que o homem jamais pode ter*

---

16 JOÃO CALVINO, *Institutas da Religião Cristã*, Volume 1, I, 1, p. 56.
17 BIÉLER, 1970, p. 12 e 13.

claro conhecimento de si mesmo, se primeiramente não contemplar a face do Senhor, e então descer para examinar a si mesmo.[18] Ou seja, sem o claro vislumbre inicial do conhecimento de Deus, não há claro conhecimento de si mesmo. O primeiro conhecimento é fundamental para o segundo, não podendo essa ordem ser quebrada. Em segundo lugar, Calvino destacará o contraste entre a majestade de Deus e a imperfeição e impotência da natureza humana para uma real e clara percepção de si como ele mesmo afirma: *Daí se conclui que o homem não reconhece quão grande é a sua imperfeição enquanto não se compara com a majestade de Deus.*[19] Ao apontar as imperfeições e impotência da natureza humana, Calvino entra em rota de colisão com os Humanistas-Renascentistas de seu tempo, justamente por que eles *estavam convencidos de que à indagação sobre o destino do homem só poderia ser encontrada no próprio homem e na natureza a qual ele pertence.*[20] O pressuposto Humanista toma o homem como medida de todas as coisas, já o ponto de vista de Calvino toma o Deus revelado como padrão para a medida do homem. Dessa forma, portanto:

> Na concepção calvinista, estabelecer qualquer antropologia que não tenha estes dois pressupostos, isto é, a compreensão de que o homem é criatura de Deus e, como tal, absolutamente dependente de seu Criador; e que, como homem, está ontologicamente

---

18 JOÃO CALVINO, *Institutas da Religião Cristã, Volume 1, I, 2,* p. 56.
19 Ibid., *Volume 1, I, 3,* p. 57.
20 BIÉLER, 1970, p. 11.

ligado a Deus, pois foi criado como ser de relação é, no mínimo, construir uma antropologia deficitária.[21]

A questão de fundo, nessa apresentação do pensamento cristão feita por Calvino, é estabelecer o fundamento para a compreensão do homem e seu lugar no mundo. Sem falar que, como já foi mencionado, o contexto histórico em que o pensador estava envolvido. Ele e outros estavam sofrendo perseguição religiosa e, a princípio, sua principal obra tinha a finalidade de mostrar, ao monarca Francisco I, que a fé protestante não era herética, nem desprovida de fundamentação racional. Todavia, a antropologia apresentada pelos protestantes tem como premissa fundante o reconhecimento da condição de criatura e a deficiência e impotência da natureza humana. Essa é a questão que Calvino suscita na carta a Francisco I, quando diz:

> Sim, pois o que é mais conveniente à fé senão que nos reconheçamos desnudos de toda virtude, para sermos vestidos por Deus; vazios de todo bem, para que ele nos encha de todo bem; escravos do pecado, para sermos libertos por ele; cegos, para que ele nos ilumine; coxos, para sermos por ele curados; fracos, para sermos sustentados por ele; e que nos desfaçamos de todo pretexto de glória própria, para que somente ele seja glorificado, e nós nele?[22]

---

21 AZEVEDO, 2009, p. 186.
22 JOÃO CALVINO, *Institutas da Religião Cristã, Volume 1, Carta ao Rei*, p. 38.

O que aparentemente é apenas uma declaração de fé ao monarca francês, na verdade constitui-se uma posição filosófica muito clara, que vai na contramão da perspectiva Humanista-Renascentista de seu tempo. Não se tem, aqui, uma negação da racionalidade humana frente a teologia protestante, antes, o que se tem na perspectiva exposta por Calvino é uma afirmação da racionalidade que se curva diante da grandeza do seu Criador, para então, vendo-se claramente, possa entender o mundo, a si mesmo e seu lugar nessa realidade. É, portanto, sob esses pressupostos iniciais que se deve buscar o entendimento que João Calvino desenvolveu sobre a liberdade. Essa mesma perspectiva será continuada em sua obra.

3.2 A Liberdade na Obra Institutas da Religião Cristã, Volume 1, Capítulo II.

Na sequência de sua obra, agora no capítulo II, Calvino reflete sobre o conhecimento do homem e do livre-arbítrio. Justamente porque na relação desses conceitos está o *paradoxo da antropologia cristã, isto é, o homem como criatura, é dependente do seu Criador, Deus; mas como pessoa, possui liberdade, elemento constitutivo da estrutura humana*[23], em outros termos, da reflexão de natureza, poder e limite da liberdade no indivíduo. Portanto, o adágio socrático é de extrema utilidade, reconhece o reformador de Genebra, contudo, dirá ele:

---

23 AZEVEDO, 2009, p. 194 e 195.

... assim como o preceito é muitíssimo útil, com muito maior razão é necessário cuidar diligentemente para não o entender mal. Isso temos visto acontecer com alguns filósofos. Porque, quando eles admoestam o homem no sentido de conhecer a si próprio, reduzem o seu objetivo a considerar sua dignidade e suas qualidades excelentes. Com isso, levam-no a nada mais contemplar, senão aquilo no que ele possa exaltar-se em vã confiança própria e inchar-se de orgulho.[24]

O ponto de Calvino aqui é o mesmo em toda a sua reflexão. Conhecer a si mesmo é fundamental. Nessa questão, ele concorda com outros pensadores Humanistas-Renascentistas de seu tempo, entretanto, fixar como objetivo a dignidade humana e suas qualidades a partir do próprio indivíduo é uma finalidade vazia, causando apenas orgulho. Em outras palavras, o homem não basta a si mesmo. Ele não tem condições de conhecer-se plenamente. Essa é a constatação a que chega o reformador de Genebra e que o diferencia, assim como diferenciou Martinho Lutero dos demais pensadores contemporâneos a ele. Existe, portanto, a necessidade de um complemento para que a percepção do homem se torne adequada sobre si, sobre o outro e sobre a própria realidade a sua volta. Esse fator complementar, na percepção calvinista, é o conhecimento de Deus, que ao ser posto como fundamento, torna possível o conhecimento integral de si. A partir desses rudimentos, Calvino vai analisar a natureza humana. Sua análise não partirá do próprio

24 JOÃO CALVINO, *Institutas da Religião Cristã*, Volume 1, II, 1, p. 81.

homem, como fizeram os Humanistas-Renascentistas, mas partirá da revelação divina presente nas Escrituras. E, aqui, mora a especificidade e originalidade do pensamento calvinista sobre a liberdade.

Sua análise do ser humano inicia-se pela resposta à pergunta: por que não podemos nos avaliar por nós mesmos? A essa indagação, ele responde: *Uma vez que os seres humanos têm um amor desordenado e cego por si mesmos, mostram-se dispostos a acreditar que não existe neles nada que mereça desprezo.... É por isso que aquele que mais exalta a excelência da natureza humana é sempre mais bem recebido.*[25] A razão, portanto, pela qual não se deve iniciar a busca pelo conhecimento de si no próprio indivíduo é que sua natureza está adoecida e desordenada em relação a si mesmo, não podendo, com isso, enxergar, com clareza, sua condição. Ela necessita ser lembrada de sua condição. Então, qual será o critério ou régua pela qual o indivíduo deve ser avaliado? Ele responderá que deve ser *segundo a regra do juízo de Deus.*[26] Ou seja, é Deus quem pode dar essa resposta, justamente porque ele é aquele de quem todos os homens receberam sua dignidade e qualidades. Calvino faz o homem olhar para fora e acima de si para então encontrar-se verdadeiro e plenamente. Percebe-se, com isso, uma crítica, quando ele fala que existem aqueles que exaltam as excelências humanas e, por isso, são bem recebidos. Esses a quem ele se refere indiretamente são os Humanis-

---

25 JOÃO CALVINO, *Institutas da Religião Cristã, Volume 1*, II, 3, p. 82.
26 Ibid., *Volume 1*, II, 4, p. 82.

tas-Renascentistas, que analisam o indivíduo a partir de suas qualidades e exaltam a dignidade do indivíduo a partir do próprio indivíduo. Calvino propõe uma análise desconfiada em relação à natureza humana ao levantar uma questão fundamental em sua reflexão, que os Humanistas-Renascentistas não fizeram: ... *qual é esta origem (a saber, da qual caímos), e qual a finalidade da nossa criação?*"[27] Em resumo, ele quer saber qual era a condição ideal de dignidade e plenitude da qual o homem caíra e qual é a sua finalidade? Somente a partir das respostas a essas indagações é que o homem poderia encontrar a si mesmo.

A fim de responder essa indagação, Calvino propõe uma divisão no que concerne ao conhecimento que o homem deve ter de si mesmo. Em primeiro lugar, dirá ele que o homem deve saber para que foi criado e, em segundo lugar, avalie sua real condição atual, mas por quê? Ele responde que *a primeira consideração tende a isso – que ele saiba qual é o seu dever e seu ofício. A segunda, que ele saiba quanto é capaz de fazer o que deve.*[28] Em outros termos, o que ele está tratando ao responder essas indagações é, na verdade, a busca da dignidade e da potencialidade do homem. Sendo assim, ele inicia sua investigação pelo estabelecimento da primeira condição humana, ou seja, a condição de criatura. Mas por qual razão ele inicia sua reflexão sobre o conhecimento de si pela condição de criatura? Em primeiro lugar, por uma questão de liberdade e

---

27 JOÃO CALVINO, *Institutas da Religião Cristã, Volume 1*, II, 4, p. 83.
28 Ibid., *Volume 1*, II, 5, p. 83.

responsabilidade da criatura diante de suas ações. Calvino não imputa a responsabilidade da ação humana a algum destino de forma fatalista, como era comum no período.[29] E, em segundo lugar, com essa constatação ele pretende também colocar no indivíduo e não em Deus a culpa pelos seus erros.[30]

Estabelecida as questões fundamentais sobre a liberdade e o livre-arbítrio, Calvino passa a descrever o percurso humano para a atual situação. Obviamente e como já anteriormente anunciado, a perspectiva que justifica a posição calvinista é fundamentalmente teológica, por isso, a análise seguirá o percurso do pensador dando ênfase à questão filosófica em detrimento da teológica, devido ao objeto do livro, mas sem abster-se das referências do autor.

Calvino, então, afirma que *Adão, pai de todos nós, foi criado à imagem e semelhança de Deus.*[31] Essa imagem, ele define como *a conformidade do nosso espírito com o Senhor.*[32] Sob este pressuposto está fundada toda a dignidade e consequentemente toda a liberdade que o homem gozava com seu estatuto. Todavia, esse estado foi alterado devido ao pecado original. Esse pecado trouxe sobre o homem *males horríveis, a saber, a ignorância, a fraqueza, a torpeza, a vaidade e a injustiça, as quais não somente envolveram a sua pessoa, mas também se levantaram contra toda a sua*

---

29 BURCKHARDT, 1991, p. 354 e 365.
30 JOÃO CALVINO, *Institutas da Religião Cristã, Volume 1, II, 6*, p. 84.
31 Ibid., *Volume 1, II, 7*, p. 84.
32 Ibid., Id.

*posteridade.*³³ Ou seja, toda a raça humana encontra-se sob essa herança do primeiro homem, pois trata-se de uma *corrupção hereditária, que os antigos chamavam de pecado original, indicando com a palavra pecado a depravação da nossa natureza, que, até então, tinha sido boa e pura.*³⁴ O entendimento de que o pecado original é uma depravação, uma distorção, uma doença no caráter, na identidade do homem fundamenta toda a percepção antropológica de Calvino. Porque, mesmo reconhecendo as faculdades humanas, ele entende que elas não estão sendo utilizadas de forma plena, pois algo de errado está impedindo sua utilização completa. E, nesse sentido, o pecado não se trata apenas de uma percepção teológica em relação à natureza do indivíduo sem relação alguma com a realidade, mas revela-se como uma percepção teológica que tem seus efeitos e consequências em todas as áreas da vida humana, pois se a identidade está distorcida, todo o resto tenderá a essa distorção. Por isso, entende ele, *o domínio do pecado, após este haver subjugado o primeiro homem, reduziu à servidão todo o gênero humano.*³⁵

Sob estes pressupostos, portanto, Calvino analisa as posições dos filósofos em relação às faculdades e divisões desta na natureza humana. Ele reconhece a utilidade e perspicácia das observações deles, especialmente Platão e Aristóteles, mas entende que *ao fazerem isso, sempre imagi-*

---

33 Ibid., *Volume 1, II, 8,* p. 85.
34 JOÃO CALVINO, *Institutas da Religião Cristã, Volume 1, II, 9,* p. 85.
35 Ibid., *Volume 1, II, 18,* p. 90.

nam que há no homem uma razão pela qual ele pode governar a si próprio. Logo, nós, que dizemos que a razão humana é depravada, não podemos concordar plenamente com eles.[36] Em outros termos, pelo fato deles não considerarem a corrupção da natureza humana na própria análise das faculdades deste, os filósofos acabam equivocando-se sobre as potencialidades, deficiências e necessidades da natureza humana, principalmente em relação à vontade, escolha e liberdade. Por essa razão, Calvino divide as faculdades humanas da seguinte forma:

> Portanto, devemos fazer uma divisão diferente. Ei-la: existem duas partes em nossa alma: a inteligência e a vontade. A inteligência é para discernir entre todas as coisas que nos são propostas, e julgar o que devemos aprovar ou condenar. A função da vontade é escolher e seguir o que o entendimento tiver julgado bom, e, ao contrário, rejeitar e evitar o que tiver reprovado.[37]

Com essa divisão das faculdades humanas, Calvino tem em mira o estabelecimento das potencialidades e deficiências do próprio indivíduo. Isso porque, segundo a posição dos filósofos em relação a essas faculdades, eles:

> ... entendem que a alma humana reside na razão, a qual é como uma lâmpada para conduzir a inteligência, e como uma rainha para governar à vontade.

---

36 Ibid., *Volume 1, II, 21*, p. 92.
37 Ibid., *Volume 1, II, 22*, p. 93.

> Pois a imaginam tão cheia de luz divina que ela pode muito bem discernir entre o bem e o mal, e que tem tanta virtude que pode muito bem dominar; ... Por isso, eles dizem que o entendimento tem consigo a razão, e assim conduz o homem ao viver feliz e virtuoso, desde que se mantenha em sua nobreza e dê lugar à virtude, que nele está naturalmente radicada.[38]

Nesse sentido, Calvino destaca a percepção otimista que os filósofos têm em relação à natureza humana e, consequentemente, em relação às faculdades deste, pois eles concebiam a razão como plenamente livre para escolher e dirigir as ações. Essa foi justamente a posição adotada em todo o período Humanista-Renascentista. E, não somente eles, mas também boa parte dos mestres da igreja cristã, como por exemplo Crisóstomo e Jerônimo, também assumiram essa postura dos filósofos, com exceção de Santo Agostinho.[39] Seguindo a trilha de Santo Agostinho, Calvino vai na contramão de seu tempo ao pôr em xeque tanto a potencialidade da razão quanto a liberdade humana. Portanto, é a partir desse fundamento que ele irá tratar do livre-arbítrio e da liberdade humana.

Da mesma forma que Santo Agostinho, Calvino entende o livre-arbítrio como *uma faculdade da razão e da vontade pela qual se escolhe o bem, quando se tem a assistência da graça de Deus, e o mal, quando não se*

---

38 JOÃO CALVINO, *Institutas da Religião Cristã, Volume 1, II, 23*, p. 93.
39 Ibid., *Volume 1, II, 24*, p. 95.

*tem essa assistência*⁴⁰, todavia, ele salienta um aspecto principal, ou seja, a extensão do livre-arbítrio. Segundo pensa, *geralmente lhe são atribuídas coisas externas, não referentes ao reino de Deus, mas ao conselho e à escolha dos homens; a verdadeira justiça é atribuída à graça de Deus, e a regeneração, ao seu Espírito.*⁴¹ Sendo assim, o livre-arbítrio está relacionado principalmente a questões da vida cotidiana e contingente dos homens, mas em relação aos aspectos fundamentalmente salvíficos e à prática do bem, segunda a perspectiva Divina, o homem nada pode fazer. Por isso, ele estabelece como entendimento basilar em relação ao livre-arbítrio que *o homem não tem livre-arbítrio para praticar o bem, a não ser que seja ajudado pela graça de Deus; mas, sendo ajudada por esta, age da parte dele.*⁴² Eis aqui o ponto principal em relação ao arbítrio humano, Calvino na esteira de Santo Agostinho não hesita em afirmar que o livre-arbítrio é *servo*.⁴³ A fim de evitar questões puramente linguísticas, Calvino sugere que esse conceito não deveria ter sido usado porque ele trouxe muitas dificuldades ao longo da História da Igreja aos cristãos. Por isso, ele prefere evitar tanto quanto pode. Contudo, o realce que ele dá é que o homem não goza da liberdade devido ao estado em que se encontra por causa do pecado original, dessa forma, seu livre-arbítrio encontra-se escravizado e impotente, tanto para fazer o bem

---

40 Ibid., *Volume 1, II, 25*, p. 96.
41 Ibid., *Volume 1, II, 25*, p. 96 e 97.
42 Ibid., *Volume 1, II, 26*, p. 97.
43 Ibid., *Volume 1, II, 28*, p. 97.

quanto para chegar-se a Deus.

Depois de estabelecer seu entendimento em relação ao conceito de Livre-arbítrio, Calvino passa a considerar a natureza humana e suas faculdades, a fim de comprovar suas potencialidades, deficiência e como pode alcançar sua verdadeira identidade e liberdade. E, dirá que, em relação à natureza humana *não há perigo de o homem humilhar-se exageradamente, desde que entenda que poderá recuperar em Deus o que lhe falta.*[44] Não existe, aqui, uma comiseração ou até mesmo uma negação da natureza humana, por parte do reformador de Genebra, mas uma tentativa de se estabelecer uma antropologia firmada na realidade. A humilhação da qual ele se refere é o antídoto para o orgulho. Essa humilhação é identificada com a humildade. E a humildade a qual ele se refere é a de que *esse homem conhece de tal maneira a verdade que só encontra refúgio em humilhar-se diante de Deus.*[45] Em outros termos, a humilhação está em reconhecer as debilidades e impotências da natureza humana diante de Deus, e só então, a partir daí, busca-se humildemente em Deus aquilo que falta a sua natureza e o que as suas faculdades não o podem dar. E somente a partir dessa humilhação é que o homem conhecerá a si mesmo.

Por conseguinte, ao reconhecer a inteligência e a

---

44 JOÃO CALVINO, *Institutas da Religião Cristã, Volume I, II, 30,* p. 100.

45 Ibid., *Volume I, II, 32,* p. 102.

vontade como partes constitutivas da alma humana, Calvino enfatizará o poder da inteligência bem como sua deficiência devido ao estado em que se encontra após o pecado original. Ele reconhece que *o homem tem um amor natural pela verdade*[46], mas que antes mesmo de se empenhar na busca por ela, devido a seu defeito, o homem cai em erros e enganos, não sabendo nem mesmo discernir para si mesmo o que lhe é proveitoso. Por isso, dirá ele:

> Todavia, quando o entendimento humano se esforça nalgum estudo, não trabalha tão inutilmente que não tenha algum proveito, principalmente quando se volta para as coisas inferiores. E nem é tão tolo que não tenha gosto, ainda que pequeno, pelas coisas superiores se bem que se aplica negligentemente a buscá-la. Mas não possui faculdades paralelas para aquelas e para estas.[47]

Em outras palavras, Calvino reconhece que o entendimento humano não perdeu totalmente sua capacidade para discernir aquilo que é proveitoso para si mesmo, em relação às coisas inferiores, ou seja, nas coisas concernentes à vida comum. Por isso, a importância de se estabelecer a distinção de *que o entendimento das coisas terrenas é um, e o das coisas celestiais é outro*.[48] Isso ele faz para que fique claro em que ponto toca a responsabilidade de cada

---

46 Ibid., *Volume 1, II, 33,* p. 103.
47 Ibid., Id.
48 JOÃO CALVINO, *Institutas da Religião Cristã, Volume 1, II, 34,* p. 103.

indivíduo por suas ações, ou ainda, como cada um utiliza seu livre-arbítrio diante das escolhas que faz. Portanto, nesse sentido, mesmo corrompido pelo pecado original, *ninguém está destituído da luz da razão quanto ao governo da presente vida.*[49] E, essa luz da razão, Calvino entende como as diversas faculdades presentes na alma do indivíduo, como por exemplo as artes, as letras, a matemática, a medicina etc. *são coisas comuns a bons e maus, podemos reputá-las como graças naturais.., devemos estar advertidos de que a natureza do homem, conquanto havendo perdido a sua integridade e se tornado grandemente corrupta, não deixa, entretanto, de ser ornada por muitos dons de Deus.*[50] Com seu argumento, ele resguarda tanto a soberania de Deus, que concede graças naturais a todos, mesmo estes estando em um estado de corrupção, e também preserva a ação livre e responsabilidade dos indivíduos por suas ações, devido à posse da graça natural.

A partir do reconhecimento da graça natural, que capacita o homem a reconhecer pela inteligência a verdade ou a, pelo menos, saber da necessidade desta, Calvino passa agora a:

> ... expor o que a razão humana pode ver em sua busca do reino de Deus, e qual a sua capacidade de compreender a sabedoria espiritual, que consiste em três coisas, a saber: conhecer a Deus; conhecer

---

49 Ibid., *Volume 1, II, 35*, p. 104.
50 Ibid., *Volume 1, II, 36*, p. 105.

a sua vontade; e saber como nos cabe regrar a nossa vida segundo a vontade de Deus.⁵¹

O foco do reformador de Genebra, agora, passa a ser a identificação e análise do potencial da natureza humana, em relação às coisas concernentes à salvação, ou seja, em relação às coisas superiores que dizem respeito a Deus, sua vontade e o papel do homem em relação a sua obediência a vontade de Deus e a sua própria salvação. Assim, ele admite que a partir dos profetas do Antigo Testamento até Paulo, *o homem não pode conhecer naturalmente as coisas espirituais.*⁵² Ao que parece, há uma limitação da luz da razão em relação ao conhecimento das coisas espirituais. Essa posição de Calvino é contrária à própria percepção Humanista-Renascentista que, via de regra, defendia a elevação do espírito para chegar-se à iluminação, ao sublime. Com essa declaração de impotência, o homem é colocado diante de uma realidade que ele não tem absolutamente nenhum domínio.

Todavia, em relação à vida comum, ele entende que o homem deve viver pela luz da razão, segundo a lei natural. Essa lei natural torna o homem indesculpável diante das ações necessárias ao seu bem viver. Calvino define essa lei natural como *um sentido da consciência pelo qual ela discerne suficientemente o bem e o mal, para despir o homem de sua protetora capa de ignorância, ao mesmo tempo*

---

51 Ibid., *Volume 1, II, 38*, p. 107.
52 Ibid., *Volume 1, II, 39*, p. 110.

em que ela é censurada por seu próprio testemunho.[53] Esse poder de discernir o que é bom para si e para o próximo, assim como todas as faculdades presentes no indivíduo, também foi afetado pelo pecado original. Por isso, *se quisermos examinar que entendimento da justiça temos segundo a lei de Deus, a qual é o padrão da justiça perfeita, veremos de quantas maneiras esse entendimento é cego.*[54] Em outros termos, a luz da razão, que é guiada pela lei natural presente em cada indivíduo, está impotente para perceber plenamente a verdade, principalmente quando ela é posta diante da lei de Deus. Nesses termos, o homem é capaz de reconhecer e discernir o bem e mal para si, todavia não tem vontade e poder para libertar-se de sua condição de corrupção para caminhar em direção à verdade e em direção a Deus por si mesmo.

A vontade passa a ser analisada, o que inclui a liberdade como decorrente desta, *se é que existe alguma liberdade no homem*[55], dirá Calvino. Mas, por quê? Possivelmente no sentido de que *o homem, em seu apetite natural, não discerne pela razão, conforme a excelência da natureza imortal, o que deve buscar, e não o considera mediante o exercício da verdadeira prudência.*[56] Ou seja, na perspectiva natural, ou do uso da luz da razão, o homem busca o que é bom para si, mas em relação a Deus ou a imortalidade, ele não sabe o que buscar, justamente porque sua vontade

---

53 JOÃO CALVINO, *Institutas da Religião Cristã, Volume 1, II, 41,* p. 111.
54 Ibid., *Volume 1, II, 42,* p. 112.
55 Ibid., *Volume 1, II, 43,* p. 114.
56 Ibid., Id.

não deseja e não pode buscar esta finalidade. Até mesmo em relação a fazer o bem, ele depende exclusivamente da graça divina, sendo ele cristão ou não. Toda a bondade ou bem que o homem venha a realizar é fruto da graça divina que atua sobre sua vontade corrompida, capacitando-o a fazer o bem. Por isso, *a vontade humana, amarrada e presa como está à servidão do pecado, não pode trabalhar nem um pouco pelo bem, por mais que se esforce... porque querer é do homem, querer o mal é da natureza corrupta, querer o bem é da graça.*[57] Sendo assim, a graça é absolutamente necessária para que, por meio dela, a vontade seja livre para ver, desejar, buscar e poder fazer o bem.

A vontade, portanto, necessita da graça de Deus como um remédio pelo qual *a nossa natureza viciosa é corrigida.*[58] Sabendo que a natureza está em um estado de corrupção tal que a realização das boas obras não depende da vontade, do esforço e do poder de realizá-las, o homem, então, reconhece a necessidade da graça divina. É, pois, dessa maneira, que *Deus começa e completa a boa obra em nós; é que por sua graça a vontade é incitada a amar o bem, é inclinada a desejá-lo e é estimulada a buscá-lo e a doar-se com esse propósito.*[59] Com o auxílio da graça divina, a vontade não é penas restaurada e capacitada a fazer o bem, mas é estimulada, pois antes seu desejo e inclinação não tendiam para outro fim a não ser o mal. Por isso, *a graça*

---

57 JOÃO CALVINO, *Institutas da Religião Cristã, Volume 1, II, 47,* p. 121.
58 Ibid., *Volume 1, II, 49,* p. 122.
59 Ibid., *Volume 1, II, 54,* p. 126.

de Deus algumas vezes é chamada libertação ou livramento, sendo que por ela somos libertados da escravidão do pecado; mas também é chamada, ora reparação do nosso ser, pela qual, sendo posto de lado o velho homem, somos restaurados à imagem de Deus.[60] A graça, portanto, não atua apenas na consciência ou em apenas um aspecto do homem. Ela atua em todos os aspectos da vida. Na verdade, a graça atua na restauração do homem completo, pleno, conforme a imagem de seu Criador. Essa busca pelo homem pleno unia Humanistas e Reformadores, com apenas uma diferença fundamental. Os Reformadores entendiam que *o homem verdadeiro só poderia ser redescoberto a partir de Deus*[61], mas os Humanistas buscavam esse homem no próprio indivíduo e na Antiguidade Clássica.[62] Calvino, então, aponta que o indivíduo só poderia ser pleno novamente quando libertado graciosamente por Deus para, assim, poder agir e fazer o bem de forma verdadeiramente livre.

Na parte final do segundo capítulo, Calvino vai elevar até às últimas consequências o seu argumento referente à soberania de Deus. Ele faz isso ao refletir sobre *as ações que não são nem boas nem más, e que pertencem mais à vida terrena que à espiritual.*[63] Em outras palavras, a indagação dele busca responder se, em última instância, o homem possui alguma liberdade de escolha ou se ele é livre em todas as áreas de sua vida? Ele responderá que *a provi-*

---

60 Ibid., *Volume 1, II, 60,* p. 132.
61 BIÉLER, 1970, p. 11.
62 BURCKHARDT, 1991, p. 226.
63 JOÃO CALVINO, *Institutas da Religião Cristã, Volume 1, II, 70,* p. 140.

dência de Deus estende-se não somente até onde faça surgir o que ele sabe que é útil e prático, mas também até onde incline a vontade dos homens, canalizando-a para o mesmo objetivo.[64] Ou seja, ao que parece, Calvino entende que Deus, até mesmo em questões externas, cotidianas, conforme seu desígnio, prepara os meios e as condições inclinando o coração do homem para escolher aquilo que será mais proveitoso para si. E, conclui, *todas e quantas vezes Deus quiser dar curso à sua providência, mesmo com relação às coisas externas, ele dobrará e girará a vontade dos homens a seu bel prazer, e a escolha feita por eles não é tão livre que Deus não os esteja dominando, queiramos ou não.*[65] O ponto de Calvino aqui é que a razão e o entendimento humano, mesmo já tendo sido liberto pela graça de Deus, ainda sofre com as inclinações do pecado e, por isso, acaba, mesmo em questões triviais, comuns e externas, escolhendo o que não trará benefícios para si, podendo até mesmo desviá-lo da vontade divina. Dessa forma, Deus age providenciando os meios para que o homem possa escolher sempre o que será útil e melhor para si, segundo a sua vontade soberana.

Calvino ainda chama a atenção para o objeto de investigação, que é o poder e a liberdade no homem. Ele salientará que, ao se tratar da questão do livre-arbítrio, não está em jogo o poder que o homem tem para realizar aquilo que deliberou. Na verdade, o que toda a tradição filosófica e teológica buscou refletir a esse respeito foi a questão

---

64 JOÃO CALVINO, *Institutas da Religião Cristã*, Volume 1, II, 70, p. 141.
65 Ibid., *Volume 1, II, 71*, p. 141.

do poder de escolha entre o bem e o mal. Nas palavras de Calvino:

> O que está em questão é se em todas as coisas ele tem livre escolha em seu juízo para discernir o bem e o mal, e para aprovar aquele e rejeitar este. Ou, paralelamente, se ele tem livre disposição ou afeto em sua vontade para querer, buscar e seguir o bem, e para odiar e evitar o mal.[66]

Mas, dessa forma, a vontade e a liberdade do homem são completamente anuladas? Essa questão salta de imediato. Todavia, juntamente com Santo Agostinho, Calvino responderá que *a nossa vontade não é destruída pela graça de Deus, mas, antes, é reparada... Assim é porque a vontade natural é tão corrupta e pervertida que é necessário que seja totalmente renovada.*[67] É, portanto, uma questão de renovação, de regeneração, de recriação da natureza humana que está em jogo aqui. Naturalmente, o homem está escravizado pelo pecado e, por isso mesmo, impossibilitado de fazer o bem, de acordo com a lei e com a vontade de Deus, pois sua natureza, que antes do primeiro pecado, refletia claramente a imagem de seu criador. Foi por essa falta distorcida de tal maneira que apenas alguns reflexos dessa imagem sobraram. Por isso, a necessidade dessa nova recriação. E quando Deus, graciosamente, recria o homem, restaurando a sua imagem nele, esse indivíduo passa a querer, poder e escolher realizar o bem segundo a vontade de

---

66 Ibid., *Volume 1, II, 72*, p. 142.
67 *Volume 1, II, 91*, p. 157 e 158.

Deus. Não de forma obrigada, mas prazerosamente, porque, agora livre, percebe claramente o que pode e o que deve fazer.

Finalmente, o conhecimento do homem e de seu livre-arbítrio deve conduzir necessariamente a essa percepção. Caso contrário, apontará Calvino, só restará um conhecimento falso e distorcido que o homem terá de si e consequentemente de sua liberdade. Este conhecimento equivocado é justamente aquele defendido pelos Humanistas-Renascentistas, que analisavam o homem apenas pela ótica do próprio homem. E, se a posição Humanista fosse levada às últimas consequências, a igreja protestante deveria responder da seguinte forma, como ele sintetiza:

> ... o entendimento do homem está de tal maneira e tão completamente alienado da justiça de Deus que ele não pode imaginar, conceber e compreender outra coisa que não a maldade, a iniquidade e a corrupção; e, semelhantemente, que o seu coração acha-se tão envenenado pelo pecado que só pode produzir perversidade de toda sorte. E se suceder que, de algum modo, o homem faça algo que tenha a aparência de bem, não obstante o seu entendimento permanece sempre envolto na hipocrisia e na vaidade, e o seu coração está sempre entregue à malícia.[68]

A partir dessa percepção do conhecimento de si e do poder e limite do livre-arbítrio, Calvino passa, à semelhança de Martinho Lutero, a tratar da liberdade cristã, agora

---

68 JOÃO CALVINO, *Institutas da Religião Cristã, Volume 1, II, 97*, p. 162.

com o enfoque na prática do bem em relação ao outro. Ele fará essa reflexão no Capítulo xiv da mesma obra.

3.3 A Liberdade na Obra Institutas da Religião Cristã, Volume 4, Capítulo xiv.

De início, Calvino se propõe a analisar o tema da liberdade cristã considerando-o um assunto indispensável à própria doutrina cristã, porque *sem o conhecimento dele, dificilmente as consciências ousarão empreender alguma coisa, senão em dúvida, muitas vezes hesitando e parando; sempre temerosos e vacilantes.*[69] Em suma, a liberdade cristã deve ser tratada como indispensável devido à necessidade que a própria consciência exige para a reflexão sobre suas próprias ações. Não somente isso, mas *sem o conhecimento* (dirá Calvino), *nem Jesus Cristo nem a verdade do evangelho poderão ser bem conhecidos.*[70] Trata-se, portanto, de um fundamento para o conhecimento de si, do evangelho e do próprio Jesus Cristo a questão da liberdade cristã. A semelhança dos Humanistas-Renascentistas, Calvino enfatiza veementemente a importância da liberdade de consciência para a reflexão sobre si mesmo e sobre o mundo. Contudo, ele se distancia dos seus contemporâneos devido ao seu modo peculiar de pensar sobre o tema.

Depois de reconhecer a liberdade como uma necessidade que a consciência humana tem para conhecer a

---

69 Ibid., *Volume 4, XIV, 1*, p. 89.
70 Ibid., Id.

Deus e a si mesmo, Calvino passa a descrever seu entendimento sobre a liberdade de forma mais clara e como esta percepção relaciona-se com o serviço ao outro. Ao que parece, até o presente, ele tratou a liberdade em seu aspecto essencial e fundamental, em outras palavras, ele buscou até aqui estabelecer as bases filosóficas e teológicas que justificam ou que delineiam seu entendimento sobre o tema. Então, só a partir desse fundamento é que ele passa a analisar de forma objetiva a liberdade e suas implicações para o indivíduo.

Segundo Calvino, a liberdade cristã é composta por três partes: a liberdade da Lei, a liberdade para a obediência à lei e, por último, a liberdade para usufruir de tudo. Em relação à primeira, a liberdade da lei, ele declara que é aquela quando a consciência:

> ... se exalta e se eleva acima da Lei, e esquece toda a justiça que é própria da Lei. Porque, como acima foi demonstrado, visto que a Lei não nos deixa nenhum justo, ficamos neste impasse: ou só nos resta perder a esperança de sermos justificados, ou é preciso que sejamos libertados dela. E que fiquemos de tal modo livres dela que não precisemos nem pensar em nossas obras.[71]

Em outros termos, a consciência é libertada pelo reconhecimento de sua impotência, frente à justiça divi-

---

71 JOÃO CALVINO, *Institutas da Religião Cristã*, Volume 4, XIV, 2, p. 90.

na. Visto que o homem não pode, por meio de suas obras, ser justificado de seus erros diante de Deus, então a consciência, ao reconhecer seu estado de debilidade, recorre unicamente a Deus e não à Lei para que possa encontrar sua justiça e libertação. Somente a partir desse reconhecimento de debilidade e necessidade da misericórdia divina, o homem recebe de Deus sua libertação. Essa libertação da obrigatoriedade de cumprir a Lei divina para tornar-se agradável a Deus e ser por meio dela salvo é anulada e completamente esquecida pela consciência que foi liberta por meio de Cristo. A consciência não se vê obrigada a cumprir a Lei divina. Ela está plena e definitivamente livre do jugo da Lei, que naturalmente o homem não queria nem poderia cumprir. Essa conscientização da libertação da obrigatoriedade do cumprimento da Lei é fruto não de uma autonomia do indivíduo, mas sim da graça misericordiosa de Deus. Não é uma ação humana ou fruto de sua razão, como pensam os humanistas, mas é oriunda exclusivamente da graça divina. Por isso, dirá Calvino:

> ...quando se trata da nossa justificação, devemos desfazer-nos de toda e qualquer consideração da Lei e das nossas obras, para abraçarmos unicamente a misericórdia de Deus, e devemos afastar de nós mesmos o olhar para fixá-lo somente em Jesus Cristo. Porque neste ponto não se trata de saber se somos justos, mas sim de saber como é que, sendo injustos e indignos, podemos ser considerados justos.[72]

[72] JOÃO CALVINO, *Institutas da Religião Cristã*, Volume 4, XIV, 2, p. 90.

O ponto principal levantado por Calvino não é o entendimento de que o homem tem naturalmente a faculdade de cumprir as exigências da Lei divina pela utilização de sua própria razão. Pelo contrário, ele inverte a questão ao inquirir uma justificativa de por que somos injustos, mas sim como somos considerados justos por Deus, se naturalmente somos injustos? Essa inversão é, no contexto vivido por Calvino, um escândalo. Deve-se ter em mente que no contexto do período Humanista-Renascentista, os ideais da cultura greco-romana eram buscados como meios de se fazer reviver o ideal do homem. Os ideais de coragem, virtude e justiça eram a meta a ser alcançada por todos os homens esclarecidos. Em suma, para o Período humanista-renascentista, *antes de qualquer discussão e qualquer ação no mundo presente, importa saber o que é o homem.*[73] E nessa busca do homem, eles voltaram os olhos para a Cultura Clássica, que via o homem como plenamente capaz de cumprir todos os requisitos da virtude e elevar-se por si mesmo aos mais altos ideais. Todavia, Calvino parte do pressuposto de que o indivíduo não pode e não quer ser justo. Não somente isso, além de desconsiderar as faculdades humanas, ele aponta o ideal de humanidade, justiça e virtude para a pessoa e para a obra de Jesus Cristo. Em outras palavras, em Cristo *se encontra o homem original, a verdadeira imagem de Deus, a semelhança perfeita do Criador.*[74] Sob esse fundamento, portanto, Calvino entende que toda a justiça da qual o homem imperfeito necessita para

---

73 BIÉLER, 1970, p. 10.
74 Ibid., p. 16.

cumprir a Lei de Deus está em Cristo. E, ao reconhecer isso, ele então é liberto pela graça da necessidade de justificar-se. A partir daí, sua consciência está plenamente livre de toda a necessidade de cumprimento da Lei divina para justificar-se.

Então, como uma consequência lógica dessa primeira liberdade, a segunda liberdade, a da obediência à lei, é exposta por Calvino. Ele diz: *ela faz com que as consciências obedeçam à Lei, não como que constrangidas ou forçadas pela necessidade da Lei, mas sim que, tendo sido libertadas do jugo da Lei, obedeçam livremente à vontade de Deus.*[75] À primeira vista, a segunda liberdade contradiz a primeira. Todavia, ela é, na verdade, uma consequência da primeira. O raciocínio do reformador de Genebra é que, pela misericórdia de Deus, o homem é libertado da obrigatoriedade e necessidade de cumprimento da Lei divina para justificar-se de seus pecados e assim ser salvo. Entretanto, devido a sua corrupção, o homem está impossibilitado de cumprir as exigências da Lei para ser justificado, pois o pecado o tornou impotente e sua vontade está enfraquecida. Então, quando esse homem é alvo da graça e misericórdia de Deus que, por meio de Jesus Cristo, justifica esse indivíduo, ele passa agora a ser plenamente livre da obrigatoriedade da Lei para sua própria justificação. Contudo, essa liberdade não mudou apenas a percepção sobre a Lei, ela mudou a própria relação que o homem agora passaria a ter em relação a ela. Anteriormente, o homem via-se por um lado

---

75 JOÃO CALVINO, *Institutas da Religião Cristã, Volume 4*, XIV, 4, p. 91.

obrigado a cumprir a Lei para justificar-se diante de Deus, mas era impedido devido a seu estado de miséria. Entretanto, quando esse homem é liberto da necessidade de cumprir a Lei, pela graça, o que corresponde à conversão, ele passa a enxergar a Lei não como um meio para justificar-se, mas sim como a finalidade para a qual a liberdade o capacitou a agir. Dessa forma, com essa nova perspectiva, a Lei passa, então, a ser amada como norma de vida, como marca da nova percepção livre que o homem adquiriu pela graça divina, não mais com o peso impossível de ser carregado para a justificação própria. Ou seja, *pois pela graça eles foram libertados da Lei para que as suas obras não sejam mais examinadas segundo a sua regra.*[76] Portanto, a obediência à Lei não é, a partir dessa segunda liberdade, uma questão de obrigatoriedade para acúmulo de méritos que justificariam o indivíduo, ela passa ser uma questão de obediência por amor à Lei e a Deus.

O último estado da liberdade, segundo Calvino, é a liberdade para usufruir de tudo, que ele entende:

> ...no sentido de que não devemos preocupar-nos diante de Deus com certas coisas externas que em si mesmas são indiferentes, e nos ensina que podemos praticá-las ou deixar de praticá-las indiferentemente. Também temos grande necessidade de conhecer esta liberdade, pois, se não, a nossa consciência não terá repouso e não terão fim as nossas superstições.[77]

---

76 JOÃO CALVINO, *Institutas da Religião Cristã, Volume 4, XIV, 8,* p. 93.
77 Ibid., *Volume 4, XIV, 10,* p. 94.

A defesa, aqui, é também uma consequência lógica dos outros dois estados da liberdade. Se Deus em Cristo justificou o homem, libertando-o do jugo da Lei, ele passa a obedecer a Lei não pelo desejo de justificação, mas por amor a ela como norma de vida. E, consequentemente, esse homem é livre para usufruir de todas as coisas, pois é livre para julgar todas as coisas com vistas ao bem. Na verdade, dirá Calvino, *o fim da liberdade cristã é incentivar-nos e induzir-nos à prática do bem*.[78] Não somente isso, utilizando-se de uma argumentação paulina, ele dirá ainda:

> "Eu sei", diz o apóstolo Paulo, "e estou persuadido, no Senhor Jesus, de que nenhuma coisa é de si mesmo impura, salvo para aquele que assim a considera; para esse é impura" (Romanos 14. 14). Com essas palavras, ele subordina todas as coisas externas à nossa liberdade, dando por entendimento que a segurança desta liberdade é certa e firme em nossa consciência perante Deus.[79]

O ponto de Calvino é a utilização das coisas externas por aqueles que foram libertos. Esses elementos externos são aqueles que não fazem relação com a justificação do homem diante de Deus e de sua salvação. Deve-se entender que, no contexto vivido por Calvino, dentro de uma sociedade dividida de forma clara em classes sociais, havia

---

78 JOÃO CALVINO, *Institutas da Religião Cristã*, Volume 4, XIV, 9, p. 93.
79 Ibid., *Volume 4, XIV, 11,* p. 94 e 95.

a ideia de que o trabalho fora dos limites da igreja era considerado inferior. Esse contexto era a típica divisão feudal do Período Medieval, em que o clero é superior ao laicato. Portanto, somente após a Reforma Protestante essa percepção foi sendo alterada lentamente tanto por Lutero quanto por Calvino. É, pois, sob este prisma que se deve refletir sobre o que Calvino está colocando nesse ponto. Em outras palavras, aquele que foi verdadeiramente justificado e liberto por Cristo obedece de coração à Lei de Deus e pode usufruir de tudo o que Deus criou. Essa perspectiva é, em si, inovadora para o contexto da época. E, certamente, para as pessoas da época, soou como uma novidade bombástica. O homem, agora, pode julgar o que é bom para si, porque é livre e obediente de coração à Lei de Deus. Ele pode usufruir das riquezas que é fruto do seu trabalho honesto. Ele pode educar-se, ler e interpretar a Bíblia por ele mesmo, sem intermediários etc. Trata-se, portanto, de uma revolução copernicana do trabalho e do pensamento. Por isso, Calvino resume seu ponto da seguinte forma:

> Vejamos, em resumo, qual é a finalidade desta liberdade: é que, sem escrúpulo de consciência nem turbação de espírito, apliquemos os dons de Deus ao uso para o qual foram destinados por ele; e que, nesta confiança, a nossa alma goze paz com Deus e nele descanse, reconhecendo e proclamando a sua generosidade para conosco.[80]

---

80 Ibid., *Volume 4, XIV, 12,* p. 95.

A liberdade cristã, nessa perspectiva do reformador de Genebra, é uma liberdade iniciada espiritualmente, mas que tem suas consequências ancoradas na vida prática, na realidade. Apesar da liberdade cristã ter uma natureza espiritual, ela desemboca na vida comum, nas escolhas diárias, sempre visando o bem, pois foi justamente para isso que Cristo libertou os indivíduos. Dito em outros termos, *a consciência já está livre, e a ela cabe o fruto desta liberdade*.[81] A consciência livre irá gozar do fruto da liberdade na utilização de todos os bens e recursos deste mundo, porque entende que todos os bens dessa vida e desse mundo são dons graciosos da parte de Deus, para serem usufruídos por aqueles a quem ele libertou.

Em relação à utilização da liberdade na relação com o outro, Calvino tomará a analogia paulina sobre o fraco na fé, presente nas cartas aos Romanos, 1 Coríntios e Gálatas. Ao usar o termo fraco, Calvino está tratando de alguém que ainda não percebeu a liberdade que goza por meio de Jesus Cristo, e fica preocupado com a possibilidade de suas ações o desqualificarem diante de Deus. Portanto, não se trata de um termo pejorativo, mas deve ser entendido como designando alguém que precisa ser ensinado e que, por isso mesmo, merece cuidado. Por isso, ao deparar-se com alguém nessa condição de fraqueza do entendimento em relação à liberdade que tem, aquele que é mais forte, ou seja, que entende e goza de sua liberdade plenamente, não

---

81 JOÃO CALVINO, *Institutas da Religião Cristã*, Volume 4, XIV, 15, p. 98.

pode desprezar ou machucar a consciência do outro com a sua liberdade. Em outros termos, nossa liberdade nos sujeita em amor ao outro, pois *a nossa liberdade não nos é dada para ser usada contra os nossos próximos fracos, aos quais o amor nos sujeita em tudo e por tudo. A nossa liberdade nos é dada a fim de que, tendo paz com Deus em nossa consciência, vivamos igualmente em paz com os homens.*[82] Sendo assim, concluirá Calvino: *Em todas as coisas devemos estar a serviço do amor, visando à edificação do próximo.*[83] A liberdade de consciência não é estática ou apenas especulativa. Na visão de Calvino, ela é prática, porque tem a finalidade de servir ao outro. Portanto, a chave para compreender a liberdade cristã em Calvino é o outro. O outro é o limite, mas também o alvo da liberdade cristã de Calvino.

O conceito de liberdade em João Calvino deve, portanto, ser entendido sob a ótica da relação existente entre o conhecimento de Deus e o conhecimento do homem. Sem o entendimento adequado desses dois conhecimentos necessários e correlatos, a percepção da liberdade calvinista fica deficiente, pois o conhecimento de Deus leva ao entendimento dele como criador e direcionador da própria existência. Por isso, o conhecimento do homem deriva desse primeiro, que apresenta o indivíduo como digno, pelo fato de ser imagem e semelhança de seu criador, mas também que, no decorrer da história, esse homem distanciou-se de Deus que legou a ele escravidão, impotência e uma vontade

---

82 Ibid., *Volume 4, XIV, 17,* p. 100.
83 Ibid., *Volume 4, XIV, 19,* p. 101.

adoecida. Todavia, por uma ação graciosa e misericordiosa da parte de Deus, por meio de Cristo Jesus, o homem é liberto de sua condição e pode, a partir daí, gozar da liberdade que o conduz novamente a Deus. Esse homem restaurado e plenamente livre sujeita-se ao outro por amor livre e voluntário, que é fruto de uma consciência livre. Esse é o ponto de vista que Calvino traz ao tratar da liberdade.

A partir de agora, é possível analisar a influência da liberdade agostiniana nas reflexões teológicas e filosóficas de Martinho Lutero e João Calvino, a fim de justificar a singularidade do pensamento desses Reformadores, que mesmo estando em um ambiente marcadamente tendencioso a uma forma de pensamento, desenvolveram suas percepções sobre a liberdade de forma singular.

CAPÍTULO 4

LIBERDADE AGOSTINIANA E SUA INFLUÊNCIA EM LUTERO E CALVINO

Até aqui, foi apresentada a percepção que cada pensador desenvolveu em relação à liberdade. A análise percorreu as principais obras de Santo Agostinho, Martinho Lutero e João Calvino, em que eles expõem, de forma mais aparente, suas perspectivas da liberdade dentro do conjunto de seus escritos. O próximo passo, portanto, é estabelecer os elos entre a liberdade desenvolvida na filosofia de Santo Agostinho e sua influência na forma como Martinho Lutero e João Calvino a utilizaram em suas reflexões teológico-filosóficas sobre o mesmo tema.

Pensando em termos gerais, a influência que Santo Agostinho exerceu sobre a cristandade é, sem dúvida alguma, incontestável sob vários aspectos. Seja pelo fato dele ser *apontado como o maior dos Pais da Igreja*[1], seja porque a doutrina cristã, até então crida, ganhou com sua pena uma fundamentação sistemática e filosófica. Mas, não somente isso, é possível afirmar com certa segurança que *a teologia da Idade Média pode ser considerada inteiramente agostiniana*[2] em suas principais ideias. Essas ideias agostinianas, renascidas e discutidas por volta do século XII[3],

---

1   CAIRNS, 1995, p. 118.
2   MCGRATH, 2007, p. 170.
3   Ibid., Id.

formaram o lastro teológico e filosófico sobre o qual os Reformadores ergueram seus edifícios intelectuais. Ou seja, entre o apóstolo Paulo e os Reformadores, Santo Agostinho é a ponte filosófica que une o pensamento cristão. Pensando ainda em termos de cronologia da História da Igreja e, consequentemente, da História do Pensamento Cristão, do ano 5 d.C. ao ano 100 d.C., corresponde ao período conhecido como *Período Apostólico*, e do ano 100 d.C. até o ano 590 d.C. é denominado como o *Período da Antiga Igreja Católica Imperial*[4] ou o *Período Patrístico*. Esse estágio pode ser descrito como um espaço de tempo em que a doutrina e a filosofia da igreja foram desenvolvidas, sendo, portanto, um momento de formação e transição do pensamento. É nesse contexto que Santo Agostinho está presente e atuante. Segue-se daí o *Período Medieval* que, via de regra, inicia-se no ano 590 com a consagração do primeiro papa (Gregório I) e estende-se até o ano de 1517. Mas, entre os séculos XIV e XVI, temos o *Período Humanista Renascentista*[5], outro período de transição, no qual os Reformadores pensaram e atuaram. Em outras palavras, tanto Santo Agostinho quanto os Reformadores desenvolveram suas reflexões em períodos de transição histórica e de mudanças de paradigmas em que coube a eles estabelecer o fundamento filosófico do pensamento cristão.

Tratando mais especificamente da influência agostiniana sobre o pensamento dos Reformadores em relação

---

4   CAIRNS, 1995, p. 21.
5   Ibid., p. 22, 23 e 132.

à liberdade e, pensando ainda em termos introdutórios, é possível estabelecer uma relação mais direta a partir de elementos gerais. Por exemplo, o título da obra que Marinho Lutero escreveu em sua disputa contra Erasmo de Roterdã foi retirado de uma obra de Santo Agostinho.[6] Não somente isso, mas também nessa mesma obra de Lutero, *Da Vontade Cativa*, ele, respondendo a Erasmo que o acusava de não se submeter a nenhuma autoridade, exceto à Escritura, o agostiniano de Wittenberg declara: *De meu lado, porém, estão Wyclif e Laurêncio Valla, embora também Agostinho, a quem preteres, seja todo meu.*[7] Não somente isso, mas também vale a pena ressaltar que *na manhã de 17 de julho de 1505, um jovem laico transpunha a porta do convento dos agostinianos de Erfurt*[8], em outros termos, ele era um monge da ordem agostiniana. E, se isso não bastasse, *há fundamentos sólidos para sugerir que as origens da Reforma de Wittenberg encontra-se ligadas à uma redescoberta de Agostinho.*[9] Sendo assim, a influência agostiniana sobre o pensamento de Lutero vai muito além do que apenas breves menções em suas obras, trata-se de uma influência profunda que vai da vida a academia e desta a sua filosofia e teologia, e se isso tudo não bastasse, ambos tiveram suas

---

6 AUGUSTIN, Saint. *Ouvrage Inachevé Contre Julien*. In Oeuvres Complètes de Saint Augustin Évêque D'Hippone. Traduites em Français et Annotées Peronne, Écalle, Vincent, Charpentier e H. Barreau. Tome 32. Paris: Libraire de Louis Vivès, 1873, Livro III, 112, p. 210 e 211.

7 LUTERO, Martinho. *Da Vontade Cativa*, 1993, VI, p. 53.

8 FEBVRE, 2012, p. 25.

9 MCGRATH, 2007, p. 118.

experiências de conversão a fé cristã lendo a mesma carta do apóstolo Paulo, a *Carta Aos Romanos*[10].

Em se tratando de João Calvino, a influência agostiniana não é diferente. Pensando em questões gerais e introdutórias, pode-se mencionar que *Calvino considerava a Reforma como uma restauração ou recapitulação da Teologia de Agostinho.*[11] Sem falar que, mesmo sendo improvável e passível de contestação, há aqueles que consideram a misteriosa conversão ao cristianismo de Calvino uma consequência da influência de Santo Agostino.[12] Outro ponto de convergência entre o reformador de Genebra e o bispo Africano é o fato de Calvino ter *reproduzido as principais características de um agostinianismo acadêmico que se desenvolveu na mesma Universidade onde ele próprio estudou.*[13] Outro ponto importante a ser mencionado é o fato de que na principal obra de João Calvino, *Institutas da Religião Cristã*, ele cita diretamente e indiretamente mais de 250 vezes os textos de Santo Agostinho. Por exemplo, ao buscar fundamentação na tradição filosófica clássica para suas afirmações, Calvino recorre a Santo Agostinho e diz: *Ouçamos agora o que diz Agostinho, a fim de que os pelagianos do nosso tempo, quer dizer, os sofistas da Sorbonne, não nos censurem, como é seu costume, dizendo que todos*

---

10 Santo Agostinho foi convertido após a leitura de Romanos 13. 13 - SANTO AGOSTINHO, *Confissões*, VII, 28, p. 222 – e Martinho Lutero teve sua experiência de conversão lendo Romanos 1. 17 – CAIRNS, 1995, p. 243.

11 MCGRATH, 2007, p. 177.

12 Ibid., Id.

13 MCGRATH, 2007, p. 106.

os mestres do passado estão contra nós."[14] Fatos como este é que levaram o crítico literário e estudioso francês Philippe Sellier a afirmar que a obra de João Calvino é apenas um *mosaico agostiniano*.[15]

É possível, seguramente, estabelecer vários elos de convergência e coincidências como essas entre Santo Agostinho, Marinho Lutero e Joao Calvino, contudo, esse não é o ponto principal a ser tratado aqui. Esses fatos apenas demonstram que, até mesmo em questões superficiais, corriqueiras e triviais, há inumeráveis pontos de contato e influência da teologia, filosofia e vida do bispo de Hipona com a teologia, filosofia e vida dos Reformadores. Mas onde a concepção agostiniana de liberdade influenciou a percepção teológica e filosófica dos Reformadores sobre esse mesmo tema?

4.1 Onde a Liberdade de Santo Agostinho Influenciou Martinho Lutero e João Calvino?

Como ficou evidente pelo que foi exposto anteriormente, os contatos e as influências do pensamento agostiniano sobre os Reformadores são muito claros, mas em qual lugar essa influência mostrou-se mais evidente e frutífera? Essa área foi a antropologia.

Antropologia e liberdade estão de tal forma interligadas que é praticamente impossível abordar um sem

---

14 JOÃO CALVINO, *Institutas da Religião Cristã, Volume 1, II, 57*, p. 130.
15 SELLIER, 1995, p. II.

tratar do outro. Essa concepção mostra-se mais forte ao observarmos do ponto de vista da filosofia que, desde seus primórdios, estabelece a liberdade como condição própria do indivíduo, ou seja, a liberdade é uma concepção puramente antropológica. Essa concepção clássica de liberdade é a mesma que se vê no período humanista-renascentista, como observa Hélène Védrine ao afirmar que *a liberdade define o homem.*[16] A liberdade, portanto, é a marca característica que define antropologicamente o homem, principalmente entre os séculos XIV e XVI. Na verdade, essa liberdade não foi encontrada pelos humanistas em seu tempo, ela foi buscada e redescoberta por eles no Período Clássico da história do pensamento. E, *com o século XV, a Antiguidade ocupou decisivamente o primeiro plano.*[17] Com isso, entenda-se que os valores, as virtudes e os ideias do homem foram projetados a partir da perspectiva clássica que, via de regra, tinha na liberdade uma das mais fundamentais faculdades que definiam os indivíduos.

A Reforma, como filha desse período humanista-renascentista, também refletiu os ideais desse período, mas sob fundamentos antropológicos distintos. É possível afirmar que *no início de sua pesquisa impaciente sobre a verdadeira natureza do homem, humanistas e reformadores faziam frente comum contra a cristandade tradicional.*[18] A grande cisma antropológica entre Reformadores e Huma-

---

16 VÉDRINE, 1996, p. 24.
17 BURCKHARDT, 1991, p. 215.
18 BIÉLER, 1970, p. 11.

nistas deu-se justamente em relação ao meio que conduzia o homem ao conhecimento de si e, consequentemente, de sua liberdade, como observa André Biéler:

> Alguns humanistas... estavam convencidos de que a resposta à indagação sobre o destino do homem só poderia ser encontrada no próprio homem e na natureza a qual ele pertence... do outro lado, os humanistas teólogos (os Reformadores) – entendiam que: o homem verdadeiro só poderia ser redescoberto a partir de Deus que pode dizer ao homem o que ele é.[19]

No redescobrimento de si mesmo, de sua natureza e de sua identidade é que o homem, a partir dos pensadores do período Clássico, refletirá sobre a liberdade, indo até as últimas consequências a fim de verificar ou não os limites de sua autonomia, escolhas e da própria liberdade. É nesse ponto, justamente, em que o rio do humanismo renascentista divide-se em dois afluentes nascidos da mesma origem e sendo, a partir dessa divisão, irreconciliáveis. Em outras palavras, no exame da sua própria identidade e natureza, os pensadores humanistas-renascentistas levantaram a principal questão que os definiria como senhores de si ou como autônomos, e essa questão fundamental era: será que somos livres? Dessa questão, nasce duas possibilidades de respostas, que formam e definem os dois grupos que buscaram respondê-la, a saber os Humanistas e Reformadores. Nesse sentido, é que *a partir da questão do livre-arbítrio (1524), Erasmo e Lutero opõem-se definiti-*

---

19 Ibid., p. 11 e 12.

vamente e doravante dois tipos de reflexão vão defrontar-se.[20] A antropologia funda-se como uma busca pela identidade e natureza do indivíduo, e nada mais singular do que pensar a humanidade a partir de sua autonomia, de sua liberdade. Por isso, o debate ocorrido no período humanista-renascentista é tão atual e a tentativa de solução para essa questão forma dois pontos de vistas que perduram até hoje na história do pensamento, sendo praticamente impossível tratar da liberdade sem citar as proposições estabelecidas por essa disputa. Por um lado, os humanistas-renascentistas afirmaram a liberdade e autonomia do indivíduo, assim como os antigos. Essa posição foi a predominante no período deles. Por outro lado, os Reformadores afirmavam a limitação da liberdade do indivíduo derivada de sua própria natureza e condição, além de apontarem para a necessidade de se encontrar a verdadeira liberdade, que fora perdida e que estava distante dos homens.

Sob estas percepções e fundamentos antropológicos é que os reformadores refletiram e estabeleceram suas perspectivas sobre a liberdade. Essa perspectiva negativa da antropologia pensada pelos Reformadores estava fundada sobre duas bases. São elas: a fonte utilizada por eles e o filósofo que sistematizou essa questão.

a. A Fonte da Antropologia Dos Reformadores.

Ao tratar sobre a fontes que levaram os Reformadores a desenvolverem suas perspectivas antropológicas

---

20 VÉDRINE, 1996, p. 48.

sobre o homem e sua liberdade, deve-se ter em mente que essa ideia da busca às fontes não nasceu na Reforma, mas tem suas origens no Humanismo Renascentista. É possível afirmar que o lema do movimento humanista-renascentista é *ad fontes*. Esse lema *era mais do que, simplesmente, um chamado para uma volta às fontes antigas – era um chamado para uma volta às realidades essenciais da existência humana conforme estas se encontravam registradas nas fontes literárias.*[21] Sendo assim, ir às fontes clássicas, originais, torna-se, nesse contexto, uma volta à reflexão sobre a própria existência do indivíduo, uma busca por conhecer a si mesmo. Essa volta às fontes tem seu lugar e papel na história do pensamento, como aponta Jacob Burckhardt ao declarar que: *É apenas no século XV que tem início as grandes séries de novas descobertas, a criação sistemática de bibliotecas por meio de cópias e o mais fervoroso esforço de tradução a partir do grego.*[22] Esse esforço conjunto de retorno às fontes tinha por finalidade redescobrir o homem, sua identidade, sua existência e, consequentemente, sua liberdade.

A língua clássica, o grego antigo, que graças a eruditos como Erasmo, os Etienne e Budé não foi esquecido, apesar da morte de alguns eruditos gregos refugiados a partir da década de 1520.[23] Nesse período, inúmeras obras foram traduzidas e copiadas pelos estudiosos das línguas clássicas

---

21 MCGRATH, 2007, p. 50.
22 BURCKHARDT, 1991, p. 149.
23 BURCKHARDT, 1991, p. 153.

para o latim. Sendo assim, *o latim era então a língua franca dos eruditos.*[24] Essa paixão pela língua latina constitui um problema, justamente, porque *os humanistas agiram como se o latim fosse e devesse permanecer a única língua digna de ser escrita.*[25] E, nessa ênfase dada ao latim, encontra-se um problema abissal entre os eruditos e o povo, entre a igreja e os fiéis, pois a maioria da população era analfabeta, exceto o clero e a nobreza. Por isso, *o humanismo não tinha penetrado na profundidade das massas. Tinha ficado como um luxo de intelectual ou de aristocrata.*[26] A Reforma, por sua vez, não partilhava desse pensamento.

Do ponto de vista de uma transformação social, o retorno às fontes, feito pelos Reformadores, ia de encontro ao povo e na contramão dos Humanistas-Renascentistas. Pois, *a Reforma, essa, transforma a consciência dos povos.*[27] A transformação social foi inevitável justamente porque os Reformadores tinham em mente um ideal, uma vocação, uma missão. Esse chamado era a proclamação da mensagem evangélica. Tendo esse ideal de vocação e chamado como uma meta a ser cumprida, os Reformadores, então, dedicam-se ao estudo das línguas antigas, às línguas da Bíblia. Pois, *o interesse pela volta às fontes do passado levou os humanistas do norte ao estudo da Bíblia nas línguas originais,*[28] no caso, o hebraico e o grego koinê, com a finalidade

---

24 Ibid., p. 183.
25 BURCKHARDT, 1991, p. 187
26 VÉDRINE, 1996, p. 54.
27 Ibid., p. 55.
28 CAIRNS, 1995, p. 223.

de traduzir o texto sagrado na linguagem comum, vernacular a fim de que todos pudessem ler por si mesmos a verdade revelada por Deus. Nesse momento, os Reformadores definem que a Bíblia seria a fonte principal a partir da qual suas reflexões sobre o homem, sua liberdade e tudo o mais deveriam derivar. Pois, *todos os resultados teológicos, políticos, sociais e econômicos da Reforma vêm da convicção de que a Palavra liberta.*[29]

É imprescindível entender ainda que *o Humanismo não apenas enfatizou a importância de se estudarem as Escrituras em suas línguas originais, como também disponibilizou novos recursos para a interpretação do texto bíblico.*[30] Ou seja, as ferramentas que os Reformadores utilizaram para traduzir e interpretar as Escrituras tiveram suas origens no Humanismo. Contudo, os Reformadores tomaram a Bíblia como pondo de partida e fundamento para suas reflexões, enquanto os humanistas-renascentistas a viam como apenas um texto antigo a ser lido e traduzido para o latim, em outras palavras, a Escritura para os humanistas era apenas mais um texto, enquanto, para os Reformadores, ela era a própria Palavra de Deus. É nesse sentido que Martinho Lutero *deixa de olhar para a Bíblia como um processo de chegar a algum lado, e sim o de ter passado a olhar para a Bíblia como o próprio lugar aonde se devia chegar.*[31] A Escritura não é apenas um texto, um livro, uma peça cultu-

---

29 CAVACO, 2016, p. 53.
30 MCGRATH, 2007, p. 123.
31 CAVACO, 2016, p. 50.

ral necessária ao desenvolvimento intelectual de um povo, ela é a Palavra de Deus, na perspectiva dos Reformadores.

Portanto, a Bíblia é claramente a fonte primária e principal da qual os Reformadores formularam suas perspectivas antropológicas sobre a liberdade dos indivíduos. Com isso, não se quer dizer que os Reformadores eram homens que negavam o conhecimento filosófico da época. Deve-se sempre ter em mente que esses homens eram de formação humanista, isto é, foram formados nas mesmas universidades que seus contemporâneos humanistas-renascentistas, além de serem também eruditos nas línguas clássicas, escreviam excepcionalmente bem em latim e ainda conheciam as línguas originais da Bíblia. A Bíblia, portanto, era o fundamento de suas reflexões antropológicas. Esse fato os diferenciava dos demais humanistas, que fundamentavam suas reflexões antropológicas sobre a liberdade e outros temas a partir da literatura clássica que estavam redescobrindo e trazendo à luz por meio de suas traduções. Como exemplo claro da primazia da Bíblia sobre a reflexão antropológica da liberdade feita pelos Reformadores, temos Martinho Lutero, que no início de sua argumentação no debate com Erasmo de Roterdã sobre o livre-arbítrio, afirma que *antes de firmar este ponto através da minha argumentação e da autoridade da Escritura, vou tratar dele usando tuas próprias palavras.*[32] Nessa passagem, temos Lutero usando a razão e as próprias palavras de Erasmo contra ele na questão dos limites da vontade e

---

32 LUTERO, Martinho. *Da Vontade Cativa*, 1993, IV, p. 30.

da liberdade humana, todavia, ele põe como fundamento último e autoritativo nessa questão a Escritura. Seguindo os mesmos passos, João Calvino, ao refletir sobre a necessidade de conhecer a si mesmo, afirma: *Mas quem se examina bem, segundo a regra do juízo de Deus, não encontra nada que possa elevar o seu coração, em termos de um compromisso de fé.*[33] Em outras palavras, a regra pela qual o homem deve avaliar o seu coração na busca por conhecer a si mesmo não pode ser sua razão, mas sim as Escrituras.

Portanto, a Escritura assume o papel de fundamento antropológico sobre o qual os Reformadores interpretaram e refletiram a liberdade humana, por isso, o esforço desses humanistas cristãos (os Reformadores) na tradução e divulgação da Bíblia. O papel do Texto Sagrado é o de guiar e direcionar a vida, a teologia e a filosofia dos Reformadores a uma perspectiva mais realista em relação à visão que o homem tem de si. Essa forma de enxergar o homem é exclusiva dos reformadores, dos humanistas cristãos desse período, pois os humanistas-renascentistas usavam a Antiguidade Clássica como um guia e um tutor de suas perspectivas a respeito do homem e do mundo que procuravam dar conta.[34] Não somente isso, esse ponto de vista dos humanistas os conduziu a um franco contraste com as visões da Idade Média e, consequentemente, com as visões dos Reformadores a respeito da natureza humana.[35] Nesse

---

33 JOÃO CALVINO, *Institutas da Religião Cristã*, Volume 1, II, 4, p. 82.
34 BURCKHARDT, 1991, p. 142.
35 Ibid., p. 355.

sentido é que a proeminência da Bíblia na reflexão sobre o homem e o mundo, feita pelos Reformadores, torna-se original, mesmo que o pensamento medieval tenha utilizado a Bíblia também como fonte, mas não como a única.

Outro ponto importante relacionado à questão da Bíblia como fonte principal da reflexão dos reformadores é saber qual autor bíblico foi a grande influência. É certo que, como demonstrado anteriormente, a Bíblia toda foi a fonte das reflexões dos reformadores, contudo, um autor bíblico foi mais citado e utilizado por eles. Esse autor foi o apóstolo Paulo. Paulo foi o maior nome do cristianismo depois de Jesus e Moisés. Da pena de Paulo, foram escritos 13 livros do Novo Testamento, que ao todo possui 27. Ele foi a ponte entre o cristianismo primitivo e a cultura helênica ao pregar em grego aos judeus de seu tempo.[36] Todavia, após o *Período Apostólico*, temos o *Período Patrístico* que, ao que parece, esqueceu-se desse autor bíblico e de sua ênfase teológica na graça. Foi somente com Santo Agostinho que o apóstolo Paulo e sua teologia da graça foram redescobertos.[37] É aqui que encontramos a razão pela qual esse autor bíblico foi largamente utilizado pelos Reformadores, justamente porque, em sua perspectiva teológica sobre a graça, temos as implicações filosóficas sobre a liberdade humana, que é o tema discutido pelos Reformadores no período humanista-renascentista.

A graça assume um papel preponderante na teolo-

---

36 JAEGER, 2001, p. 19 e 20.
37 MAGRIS, 2014, p. 517.

gia paulina e, consequentemente, em sua perspectiva antropológica. Essa é a razão pela qual a antropologia dos Reformadores assumiu um caráter tão diverso da que foi desenvolvida pelos seus contemporâneos. Ao tratar sobre a graça em um contexto eclesiológico, Paulo teve que lidar com questões antropológicas correlatas a esse tema, como por exemplo: a liberdade, a maldade, a responsabilidade humana, a justiça divina etc. Nesse sentido, a análise filosófica da influência paulina no pensamento de Martinho Lutero e João Calvino será abordada posteriormente. Por agora, é fundamental entender a relação e influência que este exerceu por meio de Santo Agostinho na vida e pensamento dos Reformadores. Os exemplos dessa influência são diversos, basta uma leitura superficial para perceber que os três pensadores em questão tiveram abordagens semelhantes devido ao tema central da graça e seus correlatos, o homem e sua liberdade, retirado basicamente das cartas paulinas. A fim de não ser repetitivo, observaremos mais textualmente essa relação e influência no próximo tópico a partir dos quatro estados da liberdade agostiniana.

b. O Filósofo da Antropologia Dos Reformadores.

A Bíblia foi uma fonte fundamental e a única autoritativa que influenciou os Reformadores, especialmente Martinho Lutero e João Calvino, a desenvolverem uma perspectiva antropológica da liberdade de forma singular em seu tempo. Isso posto, a segunda grande e fundamental influência dos Reformadores nessa mesma questão, agora do ponto de vista da filosofia, foi, sem dúvidas, Santo Agostinho. É possível classificar Santo Agostinho como o filósofo da Reforma.

Tal influência do Bispo Africano sobre os Reformadores nasceu a partir do contexto acadêmico. Por volta das primeiras décadas do século XVI, surge uma nova perspectiva teológica na faculdade teológica de Wittenberg que *requereu um envolvimento direto com o texto original das Escrituras e de Agostinho.*[38] Essa ênfase na Bíblia e em Santo Agostinho legaram aos Reformadores um ponto de vista antropológico distinto de seus contemporâneos. À semelhança dos Humanistas-Renascentistas, os Reformadores também fizeram um movimento de retorno a *Antiguidade Clássica*, só que a partir de uma fonte distinta e de um pensador em particular. Martinho Lutero, por exemplo, por volta de 1515, teve contato com as obras antipelagianas de Santo Agostinho, em especial a obra *O Espírito e a Letra*, que legou a ele uma perspectiva soteriológica diferente da que foi defendida pelos escolásticos e por Erasmo de Roterdã.[39] Entretanto, deve-se ter em mente que as questões soteriológicas, mesmo sendo indagações do âmbito teológico, tem implicações filosóficas justamente na antropologia, seja no trato dos limites, obtenção e manutenção da liberdade, seja ao tratar da origem do mal, ou ainda ao falar dos limites entre a liberdade humana e a soberania divina, esses temas foram sistematicamente pensados e examina-

---

38 MCGRATH, 2007, p. 67.
39 Ibid., p. 118.

dos a luz da filosofia, a fim de que fossem estabelecidos de forma organizada em seus conceitos, limites e implicações. Nesse sentido é que, ao caracterizar a percepção e influência antropológica da liberdade agostiniana no pensamento de Martinho Lutero, é fundamental entender que *a teologia de Wittenberg pode, de fato, ter sido caracterizada por uma volta à Bíblia e à Agostinho.*[40] Ou seja, onde Lutero ensinava, a fonte e o referencial teológico eram sempre os mesmos, a Bíblia e Santo Agostinho. Por essa razão, pode-se afirmar com certa segurança que *é inegável que Agostinho exerceu sua influência sobre Lutero em todos os estágios de desenvolvimento da Teologia do reformador.*[41] Ao que parece, a influência de Agostinho sobre o pensamento e a vida de Lutero deu-se ao mesmo tempo que ele o redescobriu e retornou as Escrituras. Nesse sentido, *as Escrituras e o testemunho patrístico* (no caso Agostinho) *devem andar juntos como uma nascente e seu rio, sendo que este último remete à primeira.*[42]

A influência da filosofia de Santo Agostinho ultrapassou a primeira geração de Reformadores estendendo-se até João Calvino, sendo este o maior nome da segunda geração dos Reformadores. Possivelmente, João Calvino recebeu sua influência agostiniana primeiramente *durante sua estadia em Paris.*[43] Todavia, no caso do reformador de Genebra e dos outros Reformadores o caminho até San-

---

40 MCGRATH, 2007, p. 167.
41 MCGRATH, 2007, p. 178.
42 Ibid., p. 179.
43 Ibid., p. 102.

to Agostinho foi uma busca por fundamentação filosófica diante da necessidade de entendimento em relação a percepções teológicas redescobertas. Como observa Earle E. Cairns: *Como outros reformadores, ele não foi de Agostinho para a Bíblia e daí para as doutrinas da Reforma, mas da Bíblia para Agostinho, em busca de apoio do príncipe dos Pais da Igreja.*[44] Em outras palavras, Santo Agostinho foi o lastro filosófico sobre o qual João Calvino buscou fundamento filosófico para justificar seus pontos de vista em relação a liberdade humana. Nesse sentido, a influência da antropologia Humanista, oriunda da formação de Calvino, estava submissa à filosofia teológica de Santo Agostinho delineando sua visão sobre a liberdade humana.[45]

A partir do que foi mencionado, fica evidente a influência do Bispo de Hipona sobre a vida e pensamento dos Reformadores, principalmente devido à utilização de uma mesma fonte como principal documento autoritativo, no caso a Bíblia e pela utilização de Santo Agostinho como principal filósofo que sustentava as afirmações dos Reformadores sobre o homem, sua liberdade, etc.

Ao que parece, é bem provável afirmar o lugar, valor e influência da filosofia de Santo Agostinho no pensamento antropológico da liberdade feita pelos Reformadores, como foi visto até aqui. Pode-se ir mais longe e afirmar que *todos os reformadores apreciavam Agostinho, ainda que em diferentes*

---

44 CAIRNS, 1995, p. 253.
45 AZEVEDO, 2009, p. 174.

graus e por diferentes motivos.[46] Contudo, é razoável e possível extrair e expor o pensamento agostiniano sobre a liberdade nas obras de Martinho Lutero e João Calvino seguindo a proposta dos *Quatro Estados da Liberdade Agostiniana*. Esse arranjo é seguido pelos Reformadores, mesmo não sendo tratado dessa forma pelo filósofo, Santo Agostinho, ou até mesmo por eles, mas a abordagem deles segue esse arranjo proposto aqui por todos os textos que analisamos nesse trabalho. Sendo assim, a partir dessa exposição ficará evidenciado a influência da antropologia agostiniana sobre a liberdade no pensamento dos Reformadores, tomando a forma como eles abordaram o tema da liberdade seguindo os passos de Santo Agostinho. Essa forma de abordagem filosófico-teológica dos Reformadores os tonaram singulares como pensadores em seu tempo, além de os diferenciar do pensamento dos Humanistas-Renascentistas de seu tempo em relação às perspectivas que estes tinham em relação ao homem e sua liberdade.

4.2. O Estado Original na Liberdade Agostiniana e no Pensamento de Martinho Lutero e João Calvino.

Não é necessário retomar, aqui, o que já foi exposto anteriormente sobre o pensamento de Santo Agostinho em relação à liberdade. Contudo, algumas menções gerais a partir das obras citadas farão o papel de intermediárias às citações dos reformadores sobre os temas em questão que serão abordados a partir desse ponto.

---

46 MCGRATH, 2007, p. 173.

O Estado Original da Liberdade é ponto fundamental na compreensão agostiniana da liberdade humana. Pois, ao tratar sobre esse estado, Santo Agostinho sempre aponta para o estado original no qual Adão, pai e representante da humanidade, foi criado por Deus. Nesse estado, o homem gozava de uma natureza plena, pura e íntegra[47], além de uma vontade plenamente capaz de realizar tudo aquilo que desejasse, porque era plenamente livre em todos os aspectos, pois quem a criou é bom.[48] Ou seja, o primeiro homem, Adão, tinha a possibilidade e liberdade plena de não fazer o mal e executar o bem conforme seu querer sem impedimentos.[49] Essa é a concepção delineada por Santo Agostinho em relação ao *Estado Original* da Liberdade.

Martinho Lutero, ao tratar sobre o homem e o poder de sua liberdade na obra em que debate com Erasmo de Roterdã, vai na mesma direção que Santo Agostinho. Mesmo não sendo objeto de sua disputa com Erasmo, Lutero revela seu entendimento sobre o homem antes da queda, a partir de modelos negativos dentro de sua argumentação. Por exemplo, ao buscar entender os limites e poder do livre-arbítrio sem a graça de Deus a partir da definição de livre-arbítrio estabelecida por Erasmo, Martinho Lutero diz: *após o pecado, a vontade humana é tão depravada que, tendo perdido a liberdade, é obrigada a servir ao pecado e não pode voltar-se a um valor melhor.*[50] A partir desse

---

47 SANTO AGOSTINHO, *A Natureza e a Graça*, XLVIII, 56, p. 165.
48 SANTO AGOSTINHO, *A Correção e a Graça*, XI, 32, p. 118.
49 Ibid., XII, 33, p. 119.
50 LUTERO, Martinho. *Da Vontade Cativa*, 1993, VIII, p. 81.

fragmento, fica evidente que, na percepção do agostiniano de Wittenberg, o homem em seu *Estado Original* gozava de uma vontade íntegra e de uma liberdade plena, que foi perdida após o pecado. Não somente isso, ao tratar do primeiro homem, Lutero declara a Erasmo que:

> ...o primeiro ser humano não era impotente por ter a assistência da graça, nesse preceito Deus lhe demonstra suficientemente quão impotente seria na ausência da graça. Ora, se esse ser humano, estando presente o Espírito, não pôde querer com uma nova vontade o bem que novamente lhe fora proposto, isto é, a obediência, porque o Espírito não a acrescentava, de que seríamos capazes nós sem o Espírito no bem que perdemos?[51]

Nesse outro trecho, Martinho Lutero confronta a posição erasmiana sobre a potencialidade do livre-arbítrio, demonstrando que, mesmo no caso do primeiro ser humano, tendo este total poder e liberdade para agir por graça divina, não pôde querer com firmeza fazer o bem, mas optou pelo mal. Novamente, é possível perceber que, na opinião de Lutero, o primeiro homem gozava de total capacidade de querer e realizar o bem. Em outros termos, fica evidente, pelas palavras de Martinho Lutero, a compreensão de um *Estado Original* da liberdade que a humanidade possuiu, mas que foi totalmente perdido.

---

51 Ibid., IX, p. 89.

No mesmo caminho de Santo Agostinho e Martinho Lutero, João Calvino também reconhece um *Estado Original* da liberdade. Ao tratar da necessidade de conhecer a si mesmo, Calvino ressalta que a origem e finalidade do homem na criação foi perdida, justamente porquê *desta nos desviamos totalmente, a tal ponto que nada nos resta, senão que, depois de avaliarmos a nossa condição miserável, gememos, e, gemendo, suspiremos por nossa dignidade perdida.*[52] Em seu pensamento sobre o estado completo de dignidade do homem, Calvino reconhece a naturalidade de todas as suas potencialidades, fundamentado na ideia de que o homem foi criado à imagem e semelhança de Deus. Nessa condição, ele reconhece a originalidade do homem, porque este *foi dotado de dons singulares da parte de Deus.*[53] E não somente isso, ao tratar sobre Adão como pai de toda a humanidade, ele o faz definindo o que seria essa imagem e semelhança na qual esse representante de toda humanidade foi criado, nos seguintes termos: *É certo que Adão, pai de todos nós, foi criado à imagem e semelhança de Deus; pelo que se vê que ele foi feito participante da sabedoria, da justiça, da virtude, da santidade e da verdade de Deus.*[54] Na concepção de Calvino, o homem em seu *Estado Original* possuía uma natureza *boa e pura*[55] em todos os sentidos, em outras palavras, esse homem era pleno e completamente livre para agir e escolher conforme sua vontade.

---

52 JOÃO CALVINO, *Institutas da Religião Cristã*, Volume 1, II, 4, p. 83.
53 Ibid., *Volume 1*, II, 5, p. 83.
54 JOÃO CALVINO, *Institutas da Religião Cristã*, Volume 1, II, 7, p. 84.
55 Ibid., *Volume 1*, II, 9, p. 85.

É possível, mesmo que superficialmente, estabelecer uma relação entre a concepção de homem ideal buscada pelos Humanistas-Renascentistas e esse homem em seu *Estado Original* pensado pelos Reformadores. Em ambos os casos, têm-se o homem em um estado completo e em plena utilização de suas faculdades. Contudo, as diferenças mostram-se evidentes ao serem observadas a partir dos seus fundamentos. Os Humanistas-Renascentistas tomaram o homem em seu sentido clássico, a partir de suas faculdades, ou seja, ele é autônomo e plenamente livre, pois pensavam que o indivíduo tem em si todas as potencialidades para desenvolver-se de forma livre. Os Reformadores, por sua vez, tomaram sua concepção de homem ideal a partir dos fundamentos da Escritura e de Santo Agostinho, como fica evidenciado. Nas Escrituras, eles encontraram em Adão e mais plenamente em Jesus Cristo o grande exemplo de humanidade. Por mais que os Humanistas-Renascentistas considerassem os exemplos bíblicos como modelos, eles o faziam apenas como mais um modelo e não como um ideal. A filosofia agostiniana deu aos Reformadores os fundamentos necessários para o desenvolvimento de suas reflexões sobre o homem e sua liberdade, por meio do ideal, demonstrado em Adão, principalmente no seu *Estado Original* em que este gozava de total liberdade. Esses dois fundamentos deram a Martinho Lutero e João Calvino o padrão ideal pelo qual eles refletiram sobre a liberdade humana. Em seu *Estado Original*, a liberdade humana era plena, pois esta estava relacionada antropologicamente com a dignidade do primeiro homem, não podendo, portanto, ser retomada pelas faculdades humanas devido a um problema que produziu efeitos devastadores na humanidade e consequentemente em sua liberdade.

4.3 O Estado Atual na Liberdade Agostiniana e no Pensamento de Martinho Lutero e João Calvino.

A outra forma pela qual os Reformadores pensaram a liberdade humana foi a partir do *Estado Atual*. Pode-se dizer que o homem e sua liberdade, sendo pensados, desde o início, tanto pelos humanistas-renascentistas quanto pelos reformadores tinha um caráter ideal no sentido de olhar para um referencial no passado. Todavia, essa perspectiva é alterada quando eles passam a refletir a liberdade antropológica do indivíduo pelo seu *Estado Atual*.

Do ponto de vista do bispo de Hipona, o homem havia sido criado por Deus de forma plena, pura e, portanto, totalmente livre para querer e fazer o bem. Todavia, algo aconteceu que alterou esse *Estado Original* de liberdade do homem. Esse acontecimento foi o pecado. Agostinho estabelece as bases fundamentais sobre o pecado, denominando-o de pecado original. O pecado, segundo ele o define, é um afastamento de Deus.[56] Essa ação de afastamento não teve origem em Deus, pois Ele não foi o seu autor.[57] Foi o próprio homem quem afastou-se de seu Criador. Esse afastamento teve como consequências a morte e a escravidão

---

56 SANTO AGOSTINHO, *O Livre-arbítrio*, II, 20, 54, p. 142.
57 Ibid., I, 1, 1, p. 25.

e, além dessas consequências, esse pecado original alterou o estado de natureza de todos os seres humanos, a começar por Adão e estendendo-se a todos os seus descendentes.[58] Nesse *Estado Atual*, o homem ficou impossibilitado de retornar ao seu *Estado Original*, porque sua vontade foi corrompida a tal ponto que não quer e não pode ser livre e fazer o bem que sabe que deve fazer.[59] Em resumo, o *Estado Atual* da liberdade humana, do ponto de vista agostiniano, é um estado de corrupção, doença e escravidão, sem a possibilidade de restauração, cura e libertação advinda do próprio indivíduo.

No caminho aberto por Santo Agostinho, Martinho Lutero andou para nele estabelecer sua reflexão sobre a liberdade humana em seu *Estado Atual*, no contexto do debate que teve com Erasmo de Roterdã. Ao defender a clareza das verdades das Escrituras, Lutero afirma que a obscuridade na percepção das verdades é oriunda da cegueira e indolência dos próprios homens.[60] Não somente isso, em relação ao poder do livre-arbítrio e do coração humano para perceber a verdade, Lutero não titubeia ao declarar que *a menos que o Espírito de Deus o desperte maravilhosamente, por si mesmo não pode ver nem ouvir as coisas que saltam de modo manifesto aos próprios olhos e ouvidos, de forma que podem ser apalpadas com as mãos? Tão grande é a miséria e cegueira do gênero humano.*[61] Em

---

58 SANTO AGOSTINHO, *A Natureza e a Graça*, LXIII, 75, p. 187.
59 SANTO AGOSTINHO, *O Livre-arbítrio*, II, 20, 54, p. 143.
60 LUTERO, Martinho. *Da Vontade Cativa*, 1993, III, p. 25.
61 Ibid., VII, p. 71.

outras palavras, sem a atuação do Espírito de Deus, não há a possibilidade do homem, em seu *Estado Atual*, reconhecer a verdade. Trata-se de uma condição espiritual que impossibilita a razão de perceber a mais clara verdade. Por isso, o livre-arbítrio é chamado *antes de servo, do que de livre* por Lutero, citando Agostinho.[62] E, esse arbítrio, não pode fazer outra coisa senão pecar, como declara Santo Agostinho no livro *O Espírito e a Letra*, também utilizado por Lutero.[63] O que ele está enfatizando ao citar Santo Agostinho contra a tese de Erasmo é mais do que apenas demonstrar uma má fé, ou um pequeno erro diante de uma ação. Lutero está delineando o âmago da ação humana, ele está mostrando que, depois da queda, toda a natureza *é cega, de modo que não conhece suas próprias forças, ou melhor, enfermidades.*[64] É nesses termos que *a Escritura, porém, define que o ser humano é corrupto e cativo, e ainda despreza e ignora soberbamente sua corrupção e cativeiro.*[65] E, valendo-se ainda das Escrituras, o agostiniano de Wittenberg afirma: *Nós não cremos, mas vemos e experimentamos que todo o gênero humano é nascido da carne*[66], ou seja, todos nascem debaixo da condenação do pecado. Toda a perspectiva negativa acerca da antropologia humana desenvolvida por Matinho Lutero destoa de todos os seus contemporâneos, justamente porque sua ênfase está não

---

62 LUTERO, Martinho. *Da Vontade Cativa*, VIII, p. 78.
63 Ibid., VIII, p. 83.
64 Ibid., VIII, p. 87.
65 Ibid., Id.
66 Ibid., XIII, p. 164.

nas potencialidades do indivíduo, mas em suas deficiências. Tal ponto de vista só pode ser oriundo das Escrituras e de Santo Agostinho. Em resumo, para Lutero, o estado de cegueira e escravidão é o *Estado Atual* de todo o gênero humano, devido ao pecado original herdado de Adão.

Na mesma linha de entendimento do *Estado Atual* da liberdade humana, João Calvino remete-se, também, às Escrituras e a Santo Agostinho, a fim de encontrar, nessas fontes, o amparo da fé e a justificativa da razão ao demonstrar seu entendimento sobre a liberdade. Vale salientar que, nesse quesito, João Calvino foi mais sistemático em seu pensamento do que Martinho Lutero. Possivelmente, foi devido ao contexto no qual ele pôde estabelecer as bases de seu entendimento sobre o tema, sem preocupar-se tanto com questões polêmicas sobre a fé e seu pensamento. Por isso, depois de identificar o homem como criatura de Deus, criado segundo a imagem e semelhança de seu Criador, que o tornou digno e singular diante de todas as coisas criadas, João Calvino, na esteira de Santo Agostinho e Martinho Lutero, passa a delinear o *Estado Atual* no qual se encontra toda a humanidade, a partir da perspectiva de que o homem caiu do seu *Estado Original*. Calvino compara os dois estados nos seguintes termos:

> Portanto, em lugar da sabedoria, da virtude, da santidade e da justiça, ornamentos de que estava revestido quando tinha em si a semelhança com Deus, vieram sobre ele males horríveis, a saber, a ignorância, a fraqueza, a torpeza, a vaidade e a injustiça, as quais

não somente envolveram a sua pessoa, mas também se levantaram contra toda a sua posteridade. Porque todos os seus sucessores são semelhantes a ele, no qual eles têm a sua origem e de cuja corrupção nasce a deles.[67]

Por meio desse contraste entre o *Estado Original* e o *Estado Atual*, Calvino reflete sobre os fundamentos de sua antropologia e, consequentemente, dos limites da liberdade humana. O que está sendo evidenciado pelo reformador de Genebra é que aquilo que no homem o identificava, singularizava e o dignificava diante da criação, passou a ser definido a partir dos vícios e da corrupção em que agora passa a nascer e viver. Essa corrupção, Calvino chama de pecado original, seguindo os antigos, mas principalmente Santo Agostinho. Ele define o pecado original como *a depravação da nossa natureza*.[68] E a principal de todas as consequências danosas dessa depravação da natureza é que *o domínio do pecado, após este haver subjugado o primeiro homem, reduziu à servidão todo o gênero humano.*[69] Portanto, do ponto de vista de Calvino, o homem já não goza mais de sua inteireza, onde *podia pender para um lado ou para o outro.*[70] Ou seja, a humanidade está por natureza corrompida e escravizada pelo mal em que ela mesma se meteu. João Calvino está no mesmo barco de Santo Agostinho e Martinho Lutero ao pensar sobre o *Estado Atual* do gênero humano e de sua liberdade. Não há, em Calvino,

---

67 JOÃO CALVINO, *Institutas da Religião Cristã, Volume 1, II, 8*, p. 85.
68 Ibid., *Volume 1, II, 9*, p. 85.
69 Ibid., *Volume 1, II, 18*, p. 90.
70 Ibid., *Volume 1, II, 55*, p. 127.

uma percepção otimista fundada nas faculdades do indivíduo que o torne livre para fazer o bem, como pensavam seus contemporâneos humanistas-renascentistas. Em sua visão sobre a natureza humana, ele destaca a corrupção e a servidão ao pecado que a corrompeu.

Encontra-se, aqui, um trio que destoa do grande coral filosófico. Enquanto que, majoritariamente, a *História da Filosofia*, em todos os seus períodos, exaltava as faculdades humanas e, com isso, colocava no próprio indivíduo a total capacidade de conhecer a si mesmo e o mundo a sua volta por meio da razão, Santo Agostinho, Martinho Lutero e João Calvino opõem-se a essa concepção ao refletirem sobre a liberdade antropológica dos indivíduos reconhecendo, primordialmente, sua corrupção e escravidão total, a ponto de que até mesmo sua vontade de fazer o bem encontra o empecilho de uma natureza viciada, tendenciosa e incapaz de realizá-lo de forma livre, pois está tão profundamente presa em sua corrupção que não consegue ver a si mesma de forma clara e realista para poder libertar-se. A reflexão dos reformadores sobre a antropologia da liberdade não termina com a constatação da corrupção e escravidão da natureza humana, ela propõe uma solução para o dilema da escravidão humana.

4.4. *O Estado Salvífico na Liberdade Agostiniana e no Pensamento de Martinho Lutero e João Calvino.*

É possível identificar o mesmo caminho feito por Santo Agostinho, Martinho Lutero e João Calvino em relação à resolução do problema da corrupção e escravidão de todo o gênero humano. Contudo, ao mesmo tempo que a corrupção e a escravidão do gênero humano é salientado pelos pensadores, a solução também é demonstrada, como observa Tiago Cavaco nos seguintes termos:

> A antropologia evangélica de Lutero, – consequentemente a de Santo Agostinho e João Calvino – por enfatizar que estamos totalmente marcados pelo nosso pecado, tem uma história com sentido para a nossa existência. As más notícias sobre nós dão-nos as boas notícias de vivermos com um objetivo de resolver o problema do pecado.[71]

É dessa forma que, no pensamento de Santo Agostinho, a graça é redescoberta no apóstolo Paulo, ou seja, *o papel da graça é concebido somente em função dos males para os quais ela é o remédio.*[72] O papel que a graça desempenha no pensamento agostiniano é fundamental e central, pois a partir da concepção que Santo Agostinho desenvolve sobre a graça, está incluso nela todo o sistema de sua antropologia da liberdade humana. A graça é, portanto, o tema central em que orbitam todos os demais temas da reflexão agostiniana sobre a antropologia humana, pois é nela que se encontra a esperança de resolução do dilema da história humana.

Sob esses princípios, é possível explicar a antropologia da liberdade agostiniana. Depois de tratar do *Estado Original*

---

71 CAVACO, 2016, p. 107.
72 GILSON, 2010, p. 271.

e do *Estado Atual*, a liberdade passa a ser analisada sob o enfoque do seu *Estado Salvífico*. Esse terceiro estado da liberdade desdobra-se na demonstração do processo de restauração do gênero humano proposto por Santo Agostinho. O *Estado Salvífico* inicia-se com o reconhecimento da incapacidade humana de retornar ao seu *Estado Original*[73], pois sua natureza não quer e não pode querer devido a sua corrução e escravidão. É nesse contexto de impossibilidade de libertação de seu estado que a graça do Mediador, Jesus Cristo, vem,[74] e além de restaurar, ela liberta o pecador da escravidão do pecado do primeiro homem, Adão, pela ação graciosa do segundo Adão, Jesus Cristo.[75] Contudo, uma pergunta persiste nesse processo, que é: todos serão restaurados e libertos? Santo Agostinho responde que somente os eleitos pela graça soberana de Deus serão restaurados e libertos da corrupção de sua natureza.[76] E a razão pela qual eles são eleitos reside no fato de que Deus os predestinou de forma soberana e gracioso para virem a crer e serem restaurados e libertos de sua condição.[77] É sob estas bases que Santo Agostinho propõe a restauração e libertação do gênero humano, em outros termos, a partir do modelo ideal e perfeito do segundo Adão, Jesus Cristo, e pela eleição e predestinação do Deus soberano que liberta segundo sua vontade misteriosa restaurando os eleitos para quererem e poderem fazer a sua vontade.

---

73 SANTO AGOSTINHO, *O Livre-arbítrio*, II, 20, 54, p. 143.
74 SANTO AGOSTINHO, *O Espírito e a Letra*, XXVIII, 48, p. 73.
75 SANTO AGOSTINHO, *A Correção e a Graça*, XII, 35, p. 122.
76 SANTO AGOSTINHO, *O Dom da Perseverança*, XIV, 35, p. 249.
77 SANTO AGOSTINHO, *A Predestinação dos Santos*, V, 10, p. 163.

Martinho Lutero reflete a mesma concepção agostiniana sobre o *Estado Salvífico* no decorrer de sua disputa contra Erasmo de Roterdã. O objetivo da disputa é, em última instância, a salvação do homem. Essa salvação está inclusa, nesse debate, dentro da questão do poder da vontade humana. Martinho Lutero argumenta sob as mesmas bases edificadas por Santo Agostinho. Daí, percebe-se que a compreensão de uma influência direta do bispo de Hipona sobre o agostiniano de Wittenberg nessa questão é inegável.[78] Logo no início de sua disputa com Erasmo, Martinho Lutero parte do pressuposto de que a questão central de sua disputa está relacionada *à piedade, em que está em perigo a salvação eterna.*[79] Essa afirmação e advertência funda-se no princípio de que sem a graça de Deus o homem não pode, e não quer, fazer o bem ou ser salvo, pois segue escravo de sua vontade, que está caída, por isso, *sem a graça de Deus o livre-arbítrio absolutamente não é livre, e, sim, imutavelmente cativo e servo do mal, já que por si só não pode voltar-se ao bem.*[80] E nessa convicção de que a vontade não pode e não quer ser salva ou fazer o bem é que Lutero afirmará, junto a Santo Agostinho, *que Deus de nada tem presciência de modo contingente; antes, ele prevê, se propõe e faz tudo com vontade imutável, eterna e infalível.*[81] Em outras palavras, Lutero está aqui referindo-se à doutrina da predestinação de Santo Agostinho

---

78 MCGRATH, 2007, p. 118.
79 LUTERO, Martinho. *Da Vontade Cativa*, 1993, VI, p. 50 e 51.
80 Ibid., VI, p. 49.
81 Ibid., IV, p. 30.

como razão principal pela qual o homem é livre e salvo. Por isso, a Palavra vem para aqueles que serão salvos[82], a fim de que não se percam, pois, *os eleitos, porém, crerão.*[83] Assim como o bispo de Hipona, Lutero reconhece, como uma consequência lógica da soberania de Deus, a predestinação e a eleição como meios pelos quais Deus salva seus eleitos. Mas, quem é o agente nesse processo de salvação? Que nesse caso é sinônimo da restauração da natureza humana. A resposta é a mesma para os dois pensadores: Jesus Cristo. É Jesus Cristo quem restaura a natureza e liberta o homem por meio de sua vitória, a fim de que este goze de plena liberdade.[84] Não há outra forma pela qual a natureza humana pode ser salva, em outros termos dirá Lutero: *fora de Cristo existe somente pecado e condenação*[85], e mais, *Cristo, com efeito, é o caminho, a verdade, a vida e a salvação.*[86] Portanto, a liberdade almejada pelos pensadores humanistas-renascentistas só pode ser alcançada, segundo os reformadores, mediante Jesus Cristo, trazendo um novo estado à natureza humana da liberdade, o *Estado Salvífico*, em que a natureza é restaurada e a liberdade garantida por Cristo. Essa concepção é peculiar ao pensamento dos reformadores, especificamente aos tratados aqui. A liberdade não está no indivíduo, mas fora dele, em Cristo, esse é o coro cantado por eles.

82 LUTERO, Martinho. *Da Vontade Cativa*, 1993, V, p. 41.
83 Ibid., VI, p. 46.
84 LUTERO, Martinho. *Da Vontade Cativa*, 1993, XIII, p. 159.
85 Ibid., XIV, p. 201.
86 Ibid., XIV, p. 206.

Essa concepção será aderida e mantida também por João Calvino, que assim como Martinho Lutero, ao tratar de temas do âmbito teológico como a conversão, a salvação, a redenção, etc., na verdade está referindo-se ao que os humanistas-renascentistas chamavam de redescobrimento do homem ou a busca pelo homem ideal a partir da cultura clássica. Portanto, percebe-se com isso que o tema é o mesmo entre essas duas escolas, contudo, o fundamento é distinto. Nesse sentido, João Calvino ao refletir sobre a recuperação da natureza humana, que só poderia ser feita pela saída do *Estado Atual* para o *Estado Salvífico*, declara:

> Ora, se não há dúvida nenhuma de que a graça de Cristo é nossa por comunicação, e que por ela temos vida, segue-se paralelamente que, tendo uma e outra sido perdidas em Adão, em Cristo as recuperamos, e como o pecado e a morte foram gerados em nós por Adão, por Cristo foram abolidos.[87]

Ou seja, em Cristo está a recuperação e a abolição de todos os efeitos que o pecado causou à natureza humana. Adão legou, por comunicação a seus descendentes, todos os males provenientes do primeiro pecado, levando toda a humanidade ao *Estado Atual*. De forma inversa, Cristo Jesus legou aos seus eleitos por comunicação todos os benefícios perdidos em Adão, possibilitado a restauração pelo *Estado Salvífico*. E, ainda, ao referir-se a Cristo como necessário à recuperação da natureza humana, dirá Calvino: *Já é hora de falar do remédio da graça de Deus,*

---

[87] JOÃO CALVINO, *Institutas da Religião Cristã, Volume I, II, 10*, p. 86.

pela qual a nossa natureza viciosa é corrigida.[88] Jesus Cristo é o homem ideal e o agente principal da recuperação e cura da natureza humana, em outros termos, ele é a única cura para doença que acometeu a natureza humana e, consequentemente, todas as suas faculdades. É nessa concepção de recuperação, cura, salvação e libertação que João Calvino abordará o que aqui se chama de *Estado Salvífico*. Nesse sentido, explica ele:

> A graça de Deus algumas vezes é chamada libertação ou livramento, sendo que por ela somos libertos da escravidão do pecado; mas também é chamada, ora reparação do nosso ser, pela qual, sendo posto de lado o velho homem, somos restaurados à imagem de Deus; ora regeneração, pela qual somos feitos novas criaturas; ora ressurreição, pela qual Deus, fazendo com que morramos, ressuscita-nos por seu poder.[89]

Nesse pequeno trecho, é possível perceber a ligação entre os conceitos de libertação, restauração, regeneração e ressurreição como sinônimo das aspirações do período em que Calvino viveu e também expressam o que o *Estado Salvífico* proporciona aos que foram alvos do seu agente, Jesus Cristo, o homem ideal. Toda a libertação da escravidão do pecado, toda restauração da natureza humana corrompida e toda a regeneração e ressurreição da

---

88 Ibid., *Volume 1*, II, 49, p. 122.
89 JOÃO CALVINO, *Institutas da Religião Cristã, Volume 1*, II, 60, p. 132.

natureza humana só poderá ser realizada por meio de Jesus Cristo.

Portanto, a partir de Santo Agostinho e estendendo-se até Martinho Lutero e João Calvino, a noção de restauração da natureza humana pensada por eles e pelos contemporâneos dos reformadores, no sentido de um retorno a *Antiguidade Clássica*, só pode ser possível a partir da graça de Deus por meio da obra de Jesus Cristo, como o homem ideal. O *Estado Salvífico* no qual o homem é curado, restaurado e libertado é claramente percebido no texto tanto de Santo Agostinho quanto dos Reformadores que seguiram suas ideias. Um fato interessante, relevante e de contraste entre os humanistas-renascentistas e os reformadores está aqui nesse ponto da antropologia da liberdade, justamente na ideia de que a restauração e a libertação do homem não estão em posse de indivíduo e de sua razão, como pensavam os humanistas-renascentistas. Na verdade e a partir da perspectiva dos reformadores, ela está em Jesus e depende exclusivamente da graça soberana de Deus e não da vontade humana. Com isso, chega-se ao último estado da liberdade humana, o *Estado Pleno* ou *Final*.

4.5 *O Estado Pleno ou Final na Liberdade Agostiniano e no Pensamento de Martinho Lutero e João Calvino.*

O último estado da liberdade agostiniana que aparece nas suas obras é uma espécie de esperança futura de uma plena libertação da qual não se terá a opção de retorno, pois chegou-se ao fim, por isso, chama-se aqui de *Estado Pleno* ou *Final* da liberdade. A perspectiva agostiniana parte da ideia de que aqueles eleitos e predestinados a quem Deus libertou do domínio do pecado[90], gozam da liberdade da vontade, da mesma forma que Adão, pois podem escolher o bem ou o mal, contudo essa libertação aponta para uma liberdade plena que coincide com a felicidade plena na eternidade. Essa liberdade plena que é sinônimo de verdadeira felicidade só poderá ser desfrutada de forma completa na pátria celestial.[91] Essa esperança futura de liberdade plena, felicidade e pátria celestial, Santo Agostinho denomina de vida eterna. Nesse lugar, os eleitos plenamente livres e felizes não mais poderão pecar[92], pois essa é a maior de todas as liberdades, ou seja, não mais submeter à razão aos bens mutáveis e passageiros. Não somente isso, os eleitos e predestinados a esse estado contemplarão Deus eternamente em plena verdade e justiça, admirando sua majestade eternamente, porque Deus mesmo é a sua vida feliz.[93] A antropologia da liberdade agostiniana fecha-se nesse *Estado Pleno* ou *Final*, justamente porque dá à história humana e, consequentemente, ao próprio homem, um sentido teleológico para suas expectativas.

Assim como ocorreu nos demais pontos tratados até aqui, este último também pode ser percebido a partir de uma leitura atenta ao texto de Martinho Lutero que foi

---

90 SANTO AGOSTINHO, *O Livre-Arbítrio*, Livro II, 14, 37, p. 121.
91 Ibid., Livro II, 3, 7, p. 157.
92 SANTO AGOSTINHO, *A Correção e a Graça*, XII, 33, p. 119.
93 SANTO AGOSTINHO, *Confissões*, X, 32, p. 282.

abordado. Deve-se levar em consideração, todavia, que a noção de um *Estado Pleno* da liberdade humana não foi o objeto específico das obras do agostiniano de Wittenberg. Contudo, essa noção surge como uma consequência lógica da leitura e proposta do autor no texto, ou seja, essa noção é ventilada de forma indireta. Com isso, não se quer dizer que Lutero não acreditasse ou não conhecesse essa temática, apenas ela não foi o objeto de sua investigação nessa ocasião. Mesmo assim, seguindo Santo Agostinho, Martinho Lutero entende que o *Estado Pleno* é sinônimo da pátria celestial, do reino dos céus. Dessa forma, ao tratar desse estado, Lutero tem em mente a ideia de um estado de satisfação plena, de completude em que não mais haverá necessidade de lutas contra o pecado ou contra o diabo. É dessa forma que ele se refere quando afirma que *o reino espera os piedosos ainda que os mesmos não o busquem nem dele cogitem, pois não só lhes foi preparado por seu Pai antes que os mesmos existissem, mas também antes da fundação do mundo.*[94] Salta aos olhos, de início, a ideia de uma eleição para o reino, que foi defendida por Santo Agostinho e, aqui, Lutero a expressa como um prêmio que não veio pelos méritos individuais das obras, mas que foi preparado por Deus, o Pai, para aqueles a quem Ele escolheu. A entrada, portanto, nesse reino, não depende do esforço individual, mas dá vontade de Deus para aqueles a quem Ele mesmo libertou para que pudessem gozar de seu reino. Em outro trecho, ao tratar sobre a escolha de Deus por Jacó, Lutero afirmará que todas as bençãos eternas, entre elas o reino

---

94 LUTERO, Martinho. *Da Vontade Cativa*, 1993, XI, p. 110.

eterno, estavam na promessa e escolha de Deus por Jacó.[95] O ponto, aqui, na descrição do reino e da entrada nele e sua relação com a questão da liberdade humana é explicado da seguinte forma por Lutero: *No outro mundo reina Cristo, reino este que resiste assiduamente e luta com o reino de Satanás, para o qual somos transferidos não por nossa própria força, mas pela graça de Deus, por meio da qual somos libertos do presente século mau e somos arrancados do poder das trevas.*[96] Dessa forma, a eleição, a transformação e a libertação para a entrada no reino é uma obra exclusiva da parte de Deus naqueles a quem ele predestinou. Portanto, em relação à noção de um *Estado Pleno* ou *Final* no qual o homem possa gozar de uma liberdade completa, Lutero segue o caminho aberto por Santo Agostinho e põe, em Cristo, a garantia desse *Estado Final*.

Da mesma forma que seu antecedente alemão, João Calvino segue os passos do bispo de Hipona no entendimento de um *Estado Pleno* da liberdade humana. É importante, porém, mencionar que, nas passagens abordadas por esse trabalho em uma porção do texto de Calvino, a questão do *Estado Pleno* ou *Final* não é o objeto principal de sua argumentação. Ele tratou desse tema de forma mais didática no *Volume 4, Capítulo XVII – Sobre a vida cristã*. Por isso, não se faz necessário e nem é o objeto de estudo pretendido, aqui, fazer uma análise sistemática dessa questão, mas apenas demonstrar que essa ideia está em con-

---

95 LUTERO, Martinho. *Da Vontade Cativa*, XII, p. 144.
96 Ibid., XIV, p. 211.

sonância com a filosofia de Santo Agostinho concernente a um *Estado Pleno* da liberdade humana. Calvino expõe seu entendimento a partir da tensão existente no próprio indivíduo, conforme o entendimento bíblico e agostiniano, da seguinte forma:

> Todavia, aqui, é preciso observar que o livramento nunca é completo, visto que uma parte de nós permanece sob o jugo do pecado; que a restauração jamais se realiza completamente, porquanto muita coisa dos vestígios do homem terreno permanece; e que a ressurreição nunca é completa, pois alguma coisa retemos do velho homem. Isso porque, enquanto estamos encerrados nesta prisão que o nosso corpo é, trazemos sempre conosco as relíquias, ou seja, os restos da nossa carne, os quais na mesma proporção diminuem a nossa liberdade.[97]

Calvino parte do pressuposto de que, mesmo sendo eleitos, predestinados e libertos do domínio do pecado, o homem ainda sofre os efeitos da queda ou do pecado original. Esses efeitos demonstram-se nessa tensão entre o desejo pelo que é eterno e o desejo pelo que é mutável. Essa tensão entre os dois mundos demonstra que existe uma liberdade incompleta, mas também uma completa, plena e final a ser desfrutada de forma integral, em que essa tensão na alma humana será eliminada e, assim, o homem gozará de uma liberdade verdadeira. É dessa forma que ele expõe seu ponto, nos seguintes termos:

---

[97] JOÃO CALVINO, *Institutas da Religião Cristã, Volume I, II, 60*, p. 132 e 133.

> Porque a alma do fiel, depois da sua regeneração, divide-se em duas partes, entre as quais há uma diferença perpétua. Pois, quando é regida e governada pelo Espírito de Deus, ela deseja e ama a imortalidade, o que a incita e a induz à justiça, à pureza e à santidade, e assim não medita noutra coisa senão na bem-aventurança do reino celestial, e aspira inteiramente à companhia de Deus; e no que permanece ainda em seu natural, estando impedida pela lama terrena e envolta em más ambições, não enxerga o que de fato é desejável e onde está a verdadeira felicidade.[98]

O fiel, o convertido, o eleito ou predestinado está livre em sua vontade por meio da graça de Deus, mas ainda sofre com as más ambições presentes em sua natureza que o impede de desejar a verdadeira felicidade de forma plena. Nesse sentido, quando o homem está sendo dirigido por Deus, ele demonstra essa direção na busca pela verdadeira felicidade e pela eternidade, ou seja, ele busca encontrar-se em um *Estado Pleno* de liberdade. A luta e a tensão revelam uma falta e uma aspiração futura que será completada. É dessa forma que Calvino expressa a aspiração humana pelo *Estado Pleno* de sua liberdade, que só será realizado na eternidade.

Portanto, o que se verifica a partir do que foi analisado e comparado entre o pensamento de Santo Agostinho e sua influência sobre os reformadores em relação a suas reflexões sobre a liberdade humana é evidente. Seja de

---

[98] JOÃO CALVINO, *Institutas da Religião Cristã*, Volume 1, II, 60, p. 133.

forma direta, por meio de citações as obras, ou de forma indireta, pelas influências percebidas nas posições teológicas organizadas e sistematizadas de forma filosófica, Santo Agostinho é a grande referência e influência que legou aos reformadores, principalmente Martinho Lutero e João Calvino, as peculiaridades que os distinguiram dos outros pensadores contemporâneos a eles, dando-lhes uma identidade e um fundamento. Em outras palavras, a antropologia da liberdade humana refletida e registrada pelos reformadores não poderia ter suas raízes em outro lugar a não ser em Santo Agostinho. Somente ele pôde dar aos reformadores o lastro teológico-filosófico necessário para que desenvolvessem suas perspectivas próprias, contudo, sempre amparados pelo bispo de Hipona.

Mesmo que se esforçassem para estabelecer as bases do pensamento dos reformadores sobre a liberdade humana, excetuando Santo Agostinho, não seria possível. A não ser que se cometessem extrapolações textuais. Toda a organização do pensamento, das fontes e a forma como a questão é desenvolvida de forma filosófica testifica a origem agostiniana do pensamento dos reformadores sobre a liberdade. Essa perspectiva agostiniana de pensar a liberdade humana deu-lhes um elemento inovador em seu tempo. Nenhum dos humanistas-renascentistas desenvolveu sua reflexão sobre a liberdade humana da forma como os reformadores fizeram, graças à mesma fonte e ao mesmo filósofo, ou seja, Santo Agostinho.

É claro que a questão não se esgota em um único trabalho. A liberdade continua a ser um tema fundamental e caro aos arraiais da filosofia, mas que estende suas raízes até mesmo no âmbito teológico. Contudo, para o objetivo dessa pesquisa, a semente foi plantada e identificada dentro de sua origem. Cabe, agora, novas pesquisas para que a temática filosófica da liberdade e sua influência no mundo teológico seja mais bem entendida.

CONCLUSÃO

Concluir um trabalho em que o tema central é a liberdade como uma faculdade intrínseca e definidora da antropologia é simplesmente impossível. A liberdade é, sem sombra de dúvidas, um tema cuja perenidade não se esgotará dentro da filosofia. Por essa razão é que esse trabalho buscou, desde o início, fazer um recorte específico na história do pensamento em que esse tema foi tratado de forma filosófica e teológica ao mesmo tempo. De Santo Agostinho a Martinho Lutero e João Calvino, da Filosofia Clássica ao Humanismo-Renascentista, a liberdade foi refletida, sistematizada e registrada por esses pensadores de forma peculiar a de seus contemporâneos, merecendo, por isso, uma análise dessas peculiaridades no trato desse tema, sendo esse o objetivo desse trabalho.

Nesse sentido, a frase da professora Hélène Védrine sintetiza de forma precisa a relação entre a antropologia e a liberdade ao afirmar que: *a liberdade define o homem.*[1] A liberdade, a potencialidade da razão e a busca por identidade são temáticas que estão na raiz de toda reflexão antropológica. Contudo, entre todas essas e outras temáticas em que se encontram uma reflexão antropológica sobre as faculdades humanas, a liberdade é a que mais o identifica.

---

1 VÉDRINE, 1996, p. 24.

Abordar a liberdade envolve lidar com questões que abrangem o conhecimento de si, a autonomia da razão, a liberdade de ação, a liberdade de escolha, a responsabilidade pelas ações etc., ou seja, todos esses e outros assuntos são, portanto, fundamentais ao se examinar a antropologia da liberdade.

Por isso, em tempos de transição na história do pensamento, surge a necessidade de se reafirmar conceitos ou de repensá-los para recolocá-los como fundamento comum na reflexão filosófica que se pretende posteriormente. Foi nesses termos que a liberdade foi objeto da reflexão de Santo Agostinho, que pensou esse tema estando em um período de transição entre a Antiguidade Clássica e o Período Cristão ou Período Medieval. Ele estava no período conhecido como *Período Patrístico*, em que os pais da igreja sistematizaram de forma filosófica a teologia cristã. Santo Agostinho foi o maior pensador cristão do seu tempo, tendo a responsabilidade de estabelecer de forma racional o que era objeto de fé de toda a cristandade. Dessa forma, ao refletir sobre a liberdade, o bispo de Hipona teve que estabelecer os fundamentos filosóficos das principais doutrinas cristãs relacionadas com a temática da liberdade. E foi com a liberdade que Santo Agostinho deu ao cristianismo a elaboração filosófica de inúmeras doutrinas que, até então, não haviam sido organizadas filosoficamente. A fim de estabelecer o pensamento cristão sobre a liberdade, ele teve que estipular toda uma antropologia da liberdade, ao contrário dos demais pensadores da história da filosofia que, ao refletirem sobre o mesmo tema, iniciavam afirmando a liberdade como uma consequência natural das faculdades humanas, dando ao homem completa autonomia nesse assunto. Santo Agostinho, entretanto, afirmou um *Estado Original* em que a liberdade foi dada por Deus, mas que essa liberdade e esse estado foram perdidos devido ao primeiro pecado. Esse primeiro pecado não apenas retirou a liberdade do homem, tornando-o escravo de suas vontades e vícios, mas também corrompeu a natureza humana a ponto dessa corrupção ser legada a todos os descendentes, colocando toda a humanidade em um *Estado Atual*, do qual o homem, por si só, não pode sair. A solução proposta por Agostinho foi a partir da pessoa e obra de Jesus Cristo, que cumprindo a lei estabelecida por Deus e entregando-se como sacrifício perfeito e justo a Deus, pôde libertar os homens a quem predestinou do seu *Estado Atual* colocando-os no *Estado Salvífico*, onde agora, libertos da escravidão do pecado e tendo a natureza restaurada, eles podem fazer o bem conforme os parâmetros divinos. Não somente isso, esses eleitos têm a promessa de que serão completamente livres de forma eterna e final em um novo estado, o *Estado Final*, onde gozarão eternamente de uma plena liberdade pela contemplação da Verdade Eterna, em outras palavras, Deus. Esse foi o sistema estabelecido e refletido por Santo Agostinho para explicar o caminho pelo qual o homem pode ser livre. Essa forma peculiar de pensar a liberdade foi praticamente aquela que se estendeu a toda a tradição cristã. E, mesmo aquelas que não seguiram todos os passos agostinianos, tiveram que dar conta das questões e interpretações levantadas por Santo Agostinho ao pensar sobre a liberdade.

Essa odisseia da liberdade estabelecida por Santo Agostinho constituiu-se uma inovadora e frutífera percepção do tema dentro da história do pensamento. Pois, para refletir a liberdade, na concepção agostiniana, era necessário um olhar que enfatizasse a filosofia, a teologia e a história humana, a fim de que todas as nuances do tema fossem claramente identificadas pensadas e refletidas adequadamente. Depois de atravessar todo o Período Medieval ou Cristão da história do pensamento, a temática da liberdade ressurge por meio de Martinho Lutero e, posteriormente, de João Calvino, a partir das mesmas bases estabelecidas por Santo Agostinho, ou seja, seguindo os quatro estados da liberdade. A forma pela qual os reformadores, que eram filhos intelectuais do humanismo-renascentista, pensaram sobre a liberdade, era completamente desarmônica da forma como os seus contemporâneos pensavam. Diante dessa constatação, uma pergunta surge de modo inevitável, a saber: por que os reformadores refletiram sobre a liberdade de forma tão distinta dos seus contemporâneos? Já que eles eram filhos intelectuais dos humanistas-renascentistas, estudando nas mesmas universidades, tendo acesso aos mesmos escritos e partilhando da mesma erudição e apego às fontes? A resposta só pode ser entendida, pelo que ficou evidenciado nesse estudo, por meio da fonte utilizada por eles e por meio do sistema filosófico adotado. Em outros termos, eles usaram a Bíblia como fonte principal para suas reflexões e o filósofo do qual tomaram emprestado o sistema filosófico foi Santo Agostinho.

CONCLUSÃO

Portanto, sem a identificação da fonte principal e do filósofo específico do qual se fundamentou todo o sistema de interpretação da liberdade, não seria possível compreender a forma como os reformadores pensaram a liberdade. Não é possível entender ou refletir sobre a liberdade do ponto de vista cristão, sem antes passar por esses pensadores e etapas nas quais empreenderam suas reflexões sobre a liberdade. Toda a tradição da história do pensamento cristão sobre a liberdade deve, a esses pensadores, a pesquisa, reflexão e registro do percurso pelo qual trilharam no estabelecimento das bases do pensamento em relação à liberdade.

Sendo assim, essa pesquisa refletiu e registrou apenas as linhas gerais pelas quais é possível iniciar a reflexão filosófico-teológica da liberdade cristã, reconhecendo que muitas outras questões e pensadores posteriores devem ser buscados e refletidos em relação ao tema, mas o que aqui se pretendeu foi concluído ao demonstrar os fundamentos filosófico-teológicos do pensamento cristão, sobre a liberdade, feito pelos reformadores a partir da pena de Santo Agostinho.

REFERENCIAL BIBLIOGRÁFICO

AGOSTINHO, Santo. *A Graça (I)*. Tradução: Agustinho Belmonte. São Paulo: Paulus, 1998, (Patrística).

____, *A Graça (II)*. Tradução: Agustinho Belmonte. São Paulo: Paulus, 1999. (Patrística).

____, *A Simpliciano. Réplica à Cartas de Parmeniano*. Tradução: Agustinho Belmonte. São Paulo: Paulus, 2019. (Patrística).

____, *Cidade de Deus Vol. I e II*. Tradução: Oscar Paes Leme, Rio de Janeiro: Vozes, 2012.

____, *Confissões*. Tradução: J. Oliveira Santos e A. Ambrósio de Pina, São Paulo: Nova Cultural, 1999, (Os Pensadores).

____, *O Livre Arbítrio*. Tradução: Nair de Assis Oliveira; Honório Dalbosco. São Paulo: Paulus, 1995, (Patrística).

AZEVEDO, Marcos Antônio Farias de. *A Liberdade Cristã em Calvino – Uma Resposta ao Mundo Contemporâneo*. Santo André: Editora Acadêmica Cristã, 2009.

BROWN, Peter. *Santo Agostinho Uma Biografia*. Tradução: Vera Ribeiro, Rio de Janeiro: Record, 2011.

BURCKHARDT, Jacob Christoph. *A Cultura do Renascimento na Itália: Um Ensaio*. Tradução Sérgio Tellaroli. São Paulo, 1991.

CAIRNS, Earle E. *O Cristianismo Através dos Séculos*. Tradução: Israel Belo de Azevedo. São Paulo: Vida Nova, 1995.

CALVINO, João. *As Institutas da Religião Cristã: edição especial com notas par estudo e pesquisa*. Em 4 volumes. Tradução Odayr Olivetti. São Paulo: Cultura Cristã, 2006.

CAVACO, Tiago. *Cuidado Com o Alemão: Três Dentadas Que Martinho Lutero dá à Nossa Época*. Lisboa: Igreja da Lapa e Letras d'Ouro, 2016.

FEBVRE, Lucien. *Esboço de um Retrato de João Calvino*. São Paulo: Editora Mackenzie, 2002.

____, *Martinho Lutero, um Destino*. Tradução de Dorothée de Bruchard. São Paulo: Três Estrelas, 2012.

LUTERO, Martinho. *Da Liberdade Cristã*. Tradução de Walter Altmann, 9ª ed. São Leopoldo: Sinodal, 2016.

____, *Da Vontade Cativa, Obras Selecionadas, Debate e Controvérsias* II, VL. 4. Tradução: vários. Porto Alegre: Sinodal, Concórdia, 1993.

____, *Nascido Escravo*. Preparado por Clifford Pond. Traduzido Editora Fiel. São José Dos Campos: Fiel, 2007.

MACGRATH, Alister. *Origens Intelectuais da Reforma.* Tradução de Susana Klassen. São Paulo: Cultura Cristã, 2007.

ROTERDÃ, Erasmo. *Livre-arbítrio e Salvação.* Editado por E. Gordon Rupp e Philip S. Watson. Tradução de Nélio Schneider. São Paulo: Editora Reflexão, 2014.

VÉDRINE, Hélène. *As Filosofias do Renascimento.* Tradução Marina Alberty. Portugal: Europa-América, 1996. (Coleção Saber).

Bibliografia suplementar

ABBAGNANO, Nicola. *Dicionário de Filosofia.* Tradução: Alfredo Bosi e Ivone Castilho Benedetti. São Paulo: Martins Fontes, 2000.

ABRAÃO, Bernadette Siqueira (Org.). *História da Filosofia.* São Paulo: Abril Cultural, 2004. (Os Pensadores).

AGOSTINHO, Santo. *Comentário ao Gênesis.* Tradução: Agustinho Belmonte, São Paulo: Paulus, 2005.

____, *Contra os Acadêmicos.* Tradução de Enio Paulo Giachini. Petrópolis: Vozes, 2014.

____, *Explicações de Algumas Proposições da Carta*

Aos Romanos, Explicações da Carta Aos Gálatas, Explicações Incoada da Carta Aos Romanos. Tradução: Agustinho Belmonte. São Paulo: Paulus, 2009, (Patrística).

____, *Retratações.* Tradução: Agustinho Belmonte, São Paulo: Paulus, 2019.

____, *Solilóquios e a Vida Feliz.* Tradução: Agustinho Belmonte, São Paulo: Paulus, 2005.

ANSELMO. *Sobre a Concordância da Presciência, da Predestinação e da Graça Divina Com o Livre-arbítrio.* Tradução de Daniel da Costa. São Paulo: Fonte Editorial, 2006.

AQUINO, Tomás. *Suma Teológica*, Volume I, Parte I, Questões de 1 – 43. Vários Tradutores. São Paulo: Edições Loyola, 2009.

____, *Suma Teológica*, Volume II, Parte I, Questões de 44 – 119. Vários Tradutores. São Paulo: Edições Loyola, 2005.

ARISTÓTELES. Ética a Nicômaco. Editora Nova Cultural. São Paulo, 1996. (Os Pensadores).

AUDI, Robert. *Dicionário de Filosofia.* Tradução de João Paixão Netto; Edwino Aloysius Royer et. al. São Paulo: Paulus, 2006.

AUGUSTIN, Saint. *Ouvrage Inachevé Contre Julien*. In Oeuvres Complètes de Saint Augustin Évêque D'Hippone. Traduites em Français et Annotées Peronne, Écalle, Vincent, Charpentier e H. Barreau. Tome 32. Paris: Libraire de Louis Vivès, 1873.

BÍBLIA SAGRADA: *Nova Versão Internacional*. Traduzida pela comissão de tradução da Sociedade Bíblica Internacional. São Paulo: Geográfica, 2000.

BÍBLIA. *A Bíblia Teb – Tradução Ecumênica da Bíblia: com o Antigo e Novo Testamento Traduzidos dos textos originais hebraico e grego com introduções, notas essenciais e glossário*. São Paulo: Paulinas e Edições Loyola, 1995.

BIÉLE, André. *O Humanismo Social de Calvino*. Tradução de A. Sapsezian. São Paulo: Oikoumeni, 1970.

____, *O Pensamento Econômico e Social de Calvino*. Tradução de Valdyr Carvalho. São Paulo: Cultura Cristã, 2012.

BOEHNER, P.; GILSON, E. *História da Filosofia Cristã*. Tradução de Raimundo Vier, O.F.M., Petrópolis: Vozes, 1982.

CALVINO, João. *Romanos*. Tradução de Valter Grandano. São Paulo: Fiel, 2014.

____, *Série Comentários Bíblicos: Salmos*. São José dos Campos: Editora Fiel, vol.1, 2009.

____, *Série Comentários Bíblicos: Salmos*. São José dos Campos: Editora Fiel, vol.2, 2011.

____, *Série Comentários Bíblicos: Salmos*. São José dos Campos: Editora Fiel, vol.3, 2012.

____, *Série Comentários Bíblicos: Salmos*. São José dos Campos: Editora Fiel, vol.4, 2009.

COSTA, Hermisten Maia Pereira da. *João Calvino: O Humanista Subordinado ao Deus da Palavra – a Própósito dos 490 Anos de Seu Nascimento*. Fides Reformata, n. 4, vl. 2, 1999. P. 155 – 183.

COSTA, Marcos Roberto Nunes. *Comentário ao Livro III das Confissões de Santo Agostinho: a busca da verdade na filosofia de Cícero e no maniqueísmo*. Civitas Augustiniana, 4 (2015), 91-120 ISSNE: 2182-7141https://doi.org/10.21747/civitas/42015a4. Acessado em 29.05.2020.

COSTA, Marcos Roberto Nunes. *Os "três Agostinhos" do livre arbítrio/liberdade*. Pensando – Revista de Filosofia Vol. 9, Nº 17, 2018 ISSN 2178-843X. Disponível em: https://revistas.ufpi.br/index.php/pensando/article/view/6444/4508. *Acessado em: 29.05.2020.*

FERERO, Isabel Muñoz. *Considerações Hermenêuticas Sobre o Conceito de Liberdade: Um Diálogo Com o Islã*. Dissertação de Mestrado, Universidade de São

Paulo, Ribeirão Preto, 2016. Disponível em: https://www.teses.usp.br/teses/disponiveis/59/59142/tde-15012018-164903/publico/Mestrado.pdf.Acessado em: 07.03.2020.

FERGUSON, Sinclair B. *Novo Dicionário de Teologia*. Tradução: Vários Tradutores. São Paulo: Hagnos, 2009.

FERREIRA, Franklin. *Servos de Deus: espiritualidade e teologia na história da igreja*. São Paulo: Fiel, 2014.

GEISLER, Norman. NIX, William. *Introdução Bíblica: Como a bíblia chegou até nós*. Tradição de Oswaldo Ramos. São Paulo: Editora Vida, 2006.

GILSON, Étienne. *Introdução ao Estudo de Santo Agostinho*. Tradução: Cristiani Negreiros Abbud Ayoub, São Paulo: Discurso Editorial; Paulus, 2010.

____, *O Espírito da Filosofia Medieval*. Tradução de Eduardo Brandão, São Paulo: Martins Fontes, 2006.

GRANDE ENCICLOPÉDIA BARSA. – vl. 12, 3ª ed. – São Paulo: Barsa Planeta Internacional Ltda., 2004.

HANKINS, James. *Plato in the Italian Renaissance*, 2 vols. Leiden, 1990.

JAEGER, Werner. *Cristianismo Primitivo e Paidéia Grega*. Tradução de Teresa Louro Pérez. Edições 70. Lisboa, 2001.

JAPIASSÚ, Hilton. MARCONDES, Danilo. *Dicionário Básico de Filosofia*. Rio de Janeiro: Jorge Zahar Editor, 1993.

KELLY, J. N. D. *Patrística: Origem e Desenvolvimento Das Doutrinas Centrais da Fé Cristã*. Tradução: Márcio Loureiro Redondo, São Paulo: Vida Nova, 1994.

LAÊRTIOS, Diôgenes. *Vidas e Doutrinas Dos Filósofos Ilustres*. Tradução de Mário da Gama Kury. Brasília. Editora Universidade de Brasília, 2008.

LANE, Tony. *Pensamento Cristão: Dos Primórdios a Idade Média, Vl. 1*. Traduzido por Pr. Eliseu Pereira. São Paulo: Abba Press, 2007.

LAWSON, Steven J. *A Arte Expositiva de João Calvino*. Tradução de Ana Paula Eusébio Pereira. São Paulo: Fiel, 2008.

LUTERO, Martinho. *Obras Selecionadas, Debate e Controvérsias I – Vl. 3*. Tradução: vários. Porto Alegre: Sinodal, Concórdia, 2007.

____, *Obras Selecionadas, O Programa da Reforma Escritos de 1520, Vl. 2*. Tradução: vários. Porto Alegre: Sinodal, Concórdia, 2016.

____, *Obras Selecionadas, Os Primórdios Escritos de 1517 a 1519, Vl. 1*. Tradução: vários. Porto Alegre: Sinodal, Concórdia, 2016.

MAGRIS, Aldo. *Destino, Providência, Predestinação: do Mundo Antigo ao Cristianismo*. Tradução de Luisa Rabolini. São Leopoldo: Ed. Unisinos, 2014.

MIRANDA, Daniel Carreiro. *A Retomada do Problema Acerca da Liberdade da Vontade: de Santo Agostinho à Schopenhauer*. Âmbito Jurídico. Disponível em: http://www.ambito-juridico.com.br/site/?n_link=revista_artigos_leitura&artigo_id=13053. Acessado em 18.06.2019.

PETERSON, Brandon. *Augustine: Advocate of Free Will, Defender of Predestination*. Theology. Disposnível em: http://sites.nd.edu/ujournal/files/2014/07/Peterson_05-06.pdf. Acessado em: 27.06.2019.

PLATÃO, XENOFONTE, ARISTÓFANES. *Sócrates: Defesa de Sócrates - Platão, Ditos e Feitos Memoráveis de Sócrates, Apologia de Sócrates – Xenofonte, As Nuvens - Aristófanes*. Tradução de Jaime Bruna, Líbero Rangel de Andrade e Gilda Maria Reale Strazynski. São Paulo: Nova Cultural, 1996. (Coleção Os Pensadores).

PLATÃO. *A República*. Tradução de Erico Corvisieri. Editora Nova Cultural. São Paulo, 2000. (Os pensadores).

REALE, Giovanni, ANTISERI, Dario. *História da Filosofia: Antiguidade e Idade Média, Vl. 1*. São Paulo: Paulus, 1990.

____, *História da Filosofia: Do Humanismo a Kant. Vl. 2*. São Paulo: Paulus, 1990. (Coleção Filosofia).

ROSENFIELD, Danis Lerrer. *Santo Agostinho e a Liberdade*. O Estado de São Paulo, Opinião. Disponível em: https://opiniao.estadao.com.br/noticias/geral,santo-agostinho-e-a-liberdade,383942. Acessado em 18.06.2019.

RUMMEL, Erika. *Desiderius Erasmus*. The Stanford Encyclopedia of Philosophy (Winter 2017 Edition), Edward N. Zalta (ed.), URL = <https://plato.stanford.edu/archives/win2017/entries/erasmus/>. Acessado em 28.05.2021.

SCHAEFFER, Francis. *Como Viveremos?* Traduzido por Gabriele Greggersen. São Paulo: Cultura Cristã, 2013.

SELLIER, PHILIPPE. *Pascal et Saint Augustin. Bibliothèque de l'Evolution de l'Humanité*. Paris: Albin Michel, 1995.

SILVA, Elias Gomes da. *O Tema da Liberdade em Agostinho na Obra Livre-arbítrio*. Revista Eletrônica Espaço Teológico. Vol. 6, n. 10, jul/dez, 2012, p. 25-32.

SPROUL, R. C. *St. Augustine's View of Liberty*. International Standard Bible Study. Disponível em: https://internationalstandard.wordpress.com/2012/11/29/st-augustines-view-of-liberty/. Acessado em: 18.06.2019.

THONNARD, François-Joseph. *La Notion de Liberté em Philosophie Augustinienne*. Revue d'Etudes Augustiniennes et Patristiques, 1970, vl. 16, issue 3-4, pp. 243-270. Disponível em: https://www.brepolsonline.net/doi/pdf/10.1484/J.REA.5.104194?download=true. Acessado em: 09.05.2019.

TITILLO, Thiago Velozo. *A Gênese da Predestinação na História da Teologia Cristã: Uma Análise do Pensamento Agostiniano Sobre o Pecado e a Graça*. São Paulo: Fonte Editorial, 2013.

VAHL, Divine Foreknowledge. *O Paradoxo da Liberdade em Santo Agostinho e o Estatuto Ontológico da Vontade Frente à Presciência Divina*. Revista Intuitio, Vol. 8 – Nº 1, jun/2015, p. 32 – 45. Disponível em: http://revistaseletronicas.pucrs.br/ojs/index.php/intuitio/article/view/17324. Acessado em 27.06.2019.

VERNANT, Jean-Pierre. *As Origens do Pensamento Grego*. Tradução de Ísis Borges B. da Silva. Rio de Janeiro: Difel, 2010.